供应链强管理系列

视频解读版



# 500强企业采购基本功

## 询价、谈判、供应商管理、降本增效及风险控制

姜 珏　马江虹　孙林伟◎著

中国经济出版社
CHINA ECONOMIC PUBLISHING HOUSE
·北 京·

**图书在版编目（CIP）数据**

500 强企业采购基本功：询价、谈判、供应商管理、降本增效及风险控制 / 姜珏，马江虹，孙林伟著 .--北京：中国经济出版社，2022. 8

ISBN 978-7-5136-7039-5

Ⅰ. ①5… Ⅱ. ①姜… ②马… ③孙… Ⅲ. ①企业管理-采购管理-研究 Ⅳ. ①F274

**中国版本图书馆 CIP 数据核字（2022）第 147435 号**

责任编辑　夏军城
责任印制　马小宾
封面设计　任燕飞装帧设计工作室

**出版发行**　中国经济出版社
**印 刷 者**　河北宝昌佳彩印刷有限公司
**经 销 者**　各地新华书店
**开　　本**　710mm×1000mm　1/16
**印　　张**　13. 5
**字　　数**　200 千字
**版　　次**　2022 年 8 月第 1 版
**印　　次**　2022 年 8 月第 1 次
**定　　价**　88. 00 元
**广告经营许可证**　京西工商广字第 8179 号

**中国经济出版社** **网址** www. economyph. com **社址** 北京市东城区安定门外大街 58 号 **邮编** 100011

# 序言 Preface

采购作为供应链管理的一个关键节点，对提升企业产品或服务品质、降低运营成本、提升企业市场竞争力有着重要影响。因此，企业对采购岗位很重视，对采购人员的综合能力要求较高。如何提高采购人员的业务素养？成为很多企业管理者和相关岗位人员关注的问题。社会的快速发展及行业间的巨大差异，正不断拓展采购管理的高度、深度和广度，采购管理的实践性越来越强。

为便于抓住重点、掌握要点，基于采购人员日常实际需求和面临的问题，笔者结合多年来的采购管理实践经验和感悟，融合具体案例，针对采购人员最棘手、供应商最关心、企业最重视的询价、谈判、供应商管理、降本增效及风险控制等核心关键环节给予深入细致解析。

本书分上、中、下篇。上篇由精于培训、指导采购人员如何提升商务技能的孙林伟老师执笔，本部分对询比价要点与实践，谈判的流程、战术及案例进行了深入浅出的讲解，有助于采购人员打磨采购技能、提升实战技巧、掌握采购之道，进而改进采购工作、创造更大价值，向采购专家晋级。

中篇由美国供应管理协会采购与供应链管理认证专家马江虹老师执笔，本部分针对供应商生命周期管理的每一个阶段，通过复盘每一阶段的问题，总结经验和教训，对战略寻源、供应商审核与选择、合同管理、供应商绩效考核与持续改进及供应关系管理等采购关键环节给予实战化指导，透析采购管理的核心要义。

下篇由采购与供应链管理专家姜珏老师执笔，本部分对降本增效、采购流程设计、采购计划管理、采购绩效考核、内控与合规管理、采购数字化转型，以及采购风险洞察与规避进行了详细阐述，有助于采购人员管控封面，把握采购全流程，提升采购绩效。

本书能够完成，要感谢一路以来陪伴支持我们的老师、朋友与合作伙伴，在此一并谢过！受制于写作水平，书中难免错漏，敬请批评指正。

## 目录
Contents

### 上篇　询价与谈判

## 中篇　供应商生命周期管理



## 下篇　采购管理与风险洞察

# 上篇

## 询价与谈判

询价与谈判是采购人员的基本功，是采购人员获得合理价格、账期、交货期、质保等商务条款的必备技能。若做不好询价与谈判，采购人员的专业性无从谈起，采购方的利益必将受损。本篇结合笔者十余年积累的采购知识和案例，全面阐述询价与谈判的管理要点及注意事项。

# 第一章　询价管理

## 第一节　5W2H 法

### 一、采购类型

作为一名采购从业者，在日常工作中，可将采购标的物笼统地分为两类：一类是看得见的实物，如原料、辅料、MRO 配件、劳保用品等；另一类是服务，如活动策划、品牌推广、市场调研等。

对于实物采购，采购人员只需要把握好价格，相对于服务采购较容易把握。服务采购尤其是虚拟服务的很多要求是由服务对象提出来的，供应商因为不知道对方的真实需求，往往容易出问题。

### 二、5W2H 法

那么如何解决这些问题？

针对服务类采购，关键是如何让供应商理解被服务部门的真实需求，而 5W2H 法是解决这一问题最重要的工具。5W2H 具体含义如下。

1. When

什么时间？不仅指提供服务的目标时间点，还指达成服务的关键步骤的时间节点。例如，何时招标，何时签署合同，何时付款等。要制定相应的时间表，并据此把控整个服务采购进程。

2. Where

在哪里？不仅指最终完成服务的地点，还指采购人员要对服务地点有全方位的认知与分析。例如，场地的规格尺寸、场地的使用限制、场地的政策法规监管等。例如举行年会这类大型现场活动，这一点尤为重要。场地的规格尺寸会限制活动相关声光设备能否正常安装与使用；场地的使用限制会影响活动餐饮环节菜品的选择与上菜方式；场地的政策法规监管更直接决定活动的规模，如逢国家重大会议召开之际，室外的一些活动可能不会批准。对于采购过程中获取的相关信息，采购人员一定要保存好，并且要落实到合同中。

3. Who

由谁来做？不仅指服务所涉人员名单，还指采购人员要对名单当中每个人的角色作用及权重有清晰的认识。如谁是技术负责人、谁是服务的终端消费者、款项由哪个部门支付等。在整个采购过程中，后者更加重要，毕竟服务参与的人多了，难免会出现“众口难调”的情况。这时候所占服务权重较大者的意见，往往决定着采购工作的下一步方向。

4. What

目的是什么？不仅指具体的服务需求，如要举办一场年会、要进行市场调研等，还指采购人员要对服务需求进行分解，了解各方面的具体要求。以目标顾客购买行为市场调研为例：要明确调研样本的特征（年龄、性别、所在城市、受教育程度、月收入水平等）；调研的频次（每个城市需要调研几次、每次多少个样本、两次调研需要间隔多长时间等）；调研的形式（是用调查问卷、随机走访，还是神秘访客）以及其他要求。目标规划得越详细，后期的合同条款就会越严谨，相应的服务质量就会越高。

5. Why

为什么要做？不仅指采购服务的原因，更重要的是，采购人员一方面要弄明白服务需求是否有待优化的地方，从而简化流程、降低成本；另一方面要为被服务者设置相应的备选方案，以免采购过程中出现突发情况，达不到被服务者的预期要求。

6. How much

预算多少？采购人员不仅要了解服务预算金额，更重要的是要明确预算如何安排（订金、现款还是账期结算）、节省下来的预算如何处理等。看似相同的两个活动，因为性质不同，导致预算要求也不相同。例如，市场推广与年会活动，因为市场推广的核心是营销，要求在保证营销效果的同时，尽量节省开支，拖长账期；而年会的核心是员工福利，要求在预算内尽量多提供饮食和奖品。

7. How

如何实施？采购人员不仅要了解要提供服务的实施方案，更重要的是把握实施方案的可行性、专业性与效率。在实施阶段，采购人员已经接触了大量专业供应商，可行性、专业性已基本解决，应该把精力放在效率的提高上。

当然，在实际采购过程中，采购人员不必拘泥于5W2H法的顺序和内容，也不必拘泥于其使用范围。5W2H法不仅适用于服务类采购的需求，对于工程或者其他复杂品类的采购也同样适用。

## 第二节　询价的方法和要点

刚步入职场的采购人员往往对询价无从下手，下面介绍三种常见的询价方法和要点。

### 一、信息邀请书（RFI）

采购人员可通过RFI向供应商收集产品服务使用部门所需的信息。

1. 适用场景

一是为引入合格的供应商，采购人员需收集供应商相关信息进行备案，如供应商的营业执照、财务报表等。

二是项目立项，采购人员要全面了解供应商的基本情况，从而为采购做好准备。

三是采购人员使用RFI对供应商的关键资质进行审核，剔除不符合要求的供应商，如提供餐饮服务的供应商，必须具备餐饮服务许可证。

2. 需要注意的问题

一是RFI不是正式询价，只是收集信息，为项目的可行性分析提供依据。

二是无论是引入合格供应商还是初步筛选供应商，一定要确认好关键信息的权重。例如，若供应商不具备某些关键资质，是一票否决，还是调整顺序？

## 二、报价邀请书（RFQ）

采购人员可通过RFQ向供应商收集产品/服务的价格。

1. 适用场景

一是采购人员可通过RFQ明确需求，确认最终供应商与相应的价格。

二是验证相关报价是否合理，采购人员可利用RFQ了解供应商的报价，为价格谈判做准备。

2. 需要注意的问题

一是为了了解具体的价格，RFQ必须建立在明确的采购需求基础上；否则，供应商的报价可能五花八门，后期无法进行比较和分析。

二是对于比较复杂的项目，RFQ需要比较多项产品或者服务的价格，前期必须与相关部门沟通好，哪些产品或者哪些服务是必备的，哪些产品或者哪些服务是可选择性的。

三是若为验证相关部门推荐供应商的报价是否合理，则询价单需以供应商的报价单为模板。

四是询价单的内容设计要周全，询价单在明确要求供应商报价时要体现如表1-1所示的内容。

表 1-1　供应商的报价要求

| 报价单内容 | 需重点关注的问题 |
| --- | --- |
| 报价产品的详细参数及型号 | 尺寸、重量、型号等 |
| 报价产品的数量及单位 | 重点是单位，如“套”，是一组还是整机 |
| 报价产品的品质要求 | 明确产品的功能、等级等要求，方便各部门验货 |
| 报价产品的优惠方式 | 现金折扣、实物返点等 |
| 报价是否含税 | 若含税，税率多少？若不含税，能否提供抵税证明 |
| 打样费 | 明确收费规则，是一次打样价格，还是一轮打样价格（直到满意为止）？是否可以抵减货款 |
| 发票种类 | 增值税专用发票、增值税普通发票或普通发票 |
| 报价是否含运费 | 外贸需要确认贸易条件是 FOB 还是 CIF 或是其他。<br>内贸需要确认到货地点 |
| 送货方式 | 实物产品自提还是送货上门？<br>虚拟产品需要考虑是由专人转发，还是由供应商直接分发终端客户 |
| 送货频率 | 一次送货还是多次送货 |
| 报价是否含包装费 | 包装式样、供应商是否回收包装；如果回收，如何回收 |
| 供应商备货周期 | 何时备货，何时完成；如果备货周期与采购方的供货要求有出入，如何解决 |
| 供应商退、换货周期及售后政策 | 实物产品的退换货及尾保规定。<br>虚拟产品的使用周期（重点在于开始时间的确定，是从发卡时还是开卡时计算） |
| 供应商是否可以提供相应的授权或资质性文件 | 重点强调供应商不得在项目开始之前报备；否则视为违规，报价作废。项目开始前已取得授权的除外 |
| 报价的有效期 | 明确时间为自然日还是工作日 |
| 供应商报价节点 | 供应商逾期未能反馈，视为主动放弃 |
| 联系方式 | 采购人员姓名、电话、邮箱等。采购人员是项目的唯一代表，若供应商与其他人接触，视为违规，其报价作废 |

## 三、建议邀请书（RFP）

采购人员可通过 RFP 向供应商收集其价格和方案。

1. 适用场景

一是以目标为导向的采购需求，需要供应商提供实现需求的方案。

二是确认部分采购需求，但对其中的关键节点拿捏不准，需要供应商把关。

2. 需要注意的事项

一是正式发出 RFP 之前，需先完成如表 1-2 所示的项目可行性分析。

**表 1-2　项目可行性分析**

| 内容 | 需重点关注的问题 |
|---|---|
| 采购申请的流程是否走完 | 需要使用部门提供各相关部门的审批文件或邮件 |
| 目标单价及预算是否明确 | 需要使用部门提供相关领导的审批文件或邮件 |
| 以目标为导向的需求是否符合国家法律法规要求 | 需要使用部门提供法务部门的审批文件或邮件 |
| 以目标为导向的需求是否符合行业的能力水平 | 需要使用部门提供相关技术部门的审批文件或邮件 |
| 供应商是否具备提供符合要求方案的能力（包含相关资质、时间节点、产能等）和报价意愿 | 需供应商提供相关资质、文件，书面回复是否参标 |

二是产品或服务的使用部门与采购部门需综合考量采用采购记分卡的方式，确认最终供应商。采购记分卡不仅可以比较价格的高低，还可以分析采购风险，以便选择最优的供应商。设置采购记分卡需要注意以下几点。

首先，在询价之前，要与产品或服务的使用部门充分沟通，以便确认采购记分卡技术部分与商务部分的构成比例。

其次，确定技术部分的打分标准，一般由产品/服务的使用部门确认，但是采购部门要提醒其设置标准要明确、可衡量，不能笼统描述。例如，为企业年会采购餐饮服务，在确认标准时，不能笼统地以“好吃”“一般”和“不好吃”等为标准，无法量化。可以主厨的执业等级（国家特级厨师 10 分，国家二级厨师 5 分等）和从业经历（烹调过国宴 10 分，烹调过市级宴会 5 分，等等）为标准，明确，可衡量。

再次，确定商务部分的打分标准，一般采用离散型计分方法，将最低价格赋予最高分，其余按比例进行换算。

最后，对于多个部分皆需要进行 RFP 询价的项目，在询价之前，要考虑两个问题：①每一部分的权重；②如果有供应商不能报价，则该项应记为零分，而不是最高分。

三是在通过 RFP 报价之前，采购人员要与使用部门、供应商确认，是否需要召开需求说明会和方案说明会；如果需要，采购人员应组织安排。

需求说明会：以产品/服务的使用部门为主，让其充分阐述要求。以供应商为辅，就其关心的、不理解的部分向使用部门提问。采购人员起协调作用，会前、会上要重点提示供应商务必不要用公司的名称，只能使用采购人员安排的代号；要明确报价的时间节点，方案与报价要分别陈述，方便使用部门与采购人员进行打分。

方案说明会：以供应商为主，要充分阐释方案；以使用部门为辅，可就其关心、不理解的问题，反复向供应商提问。采购人员要合理安排相应的时间表，要准确预估时间，预留 15 分钟。

## 四、RFI、RFQ 与 RFP 的特点（如表 1-3 所示）

**表 1-3 RFI、RFQ 与 RFP 的特点**

| 项目 | RFI | RFQ | RFP |
|---|---|---|---|
| 目的 | 向供应商收集相关信息 | 向供应商收集产品/服务的价格 | 要求供应商就采购需求提出最优方案及价格 |
| 使用条件 | 引入合格的供应商；<br>了解供应商的基本情况；<br>对供应商关键资质进行审核 | 了解具体价格、验证价格是否合理 | 完善具体方案、验证现有方案是否合理 |
| 结果 | 目录、价格表或产品信息 | 最优价格 | 最优方案 |
| 优点 | 简单、快捷 | 供应商的价格受到法律约束 | 可以就一切问题商谈 |
| 缺点 | 没有明确的价格或方案 | 若信息模糊，供应商的报价就会不一致 | 方案可能需要反复修改 |

在实际工作中，采购人员不必拘泥于某一种方法，可按需选择正确的

询价方法，以便事半功倍。

## 第三节　非正式询价、议价与招标

企业采购人员一般会根据项目预算的多少、项目的重要程度以及潜在供应商的情况，采用非正式询价、议价采购与招标三种方式。

### 一、非正式询价

非正式询价即采购人员通过邮件、传真等将询价单发给潜在供应商，供应商进行报价或者提供方案的方式。

1. 非正式询价的优缺点（如表1-4所示）

表1-4　非正式询价的优缺点

| 优点 | 缺点 |
| --- | --- |
| 节省时间及成本：采购人员只需要通过邮件或者传真即可获取相应的报价，不需要登报或公告，简化了流程，节省了时间与费用。<br>相对公平：采购人员基于同一标准向供应商询价，每一个供应商获得项目的机会是均等的。<br>减少舞弊：供求双方以非接触方式（邮件或传真）进行沟通，供应商很难了解竞争对手的情况，在一定程度上避免了围标、串标的发生 | 容易出现垄断：因为参与比价的供应商竞争力有差异，在项目早期，为了打击竞争对手，竞争力强的供应商可能会以较低的价格获得项目，在项目实施过程中再涨价。<br>可能造成抢标：供应商赢得项目后，提供不合格产品或者服务。<br>规格不一：为避免供应商垄断项目，一个项目可能由多家供应商分配或者轮流提供产品或服务，产品规格或者服务质量难以统一，进而影响生产效率，增加损耗，使维保、维修更加困难 |

2. 非正式询价需要注意的问题

一是非正式询价方式优缺点都很明显，企业对此有着严格的要求。

一般情况下，对于预算在一定金额内非核心项目可以采用非正式询价方式；大于一定金额或为核心项目则需采用招标形式。项目结束后，企业审计部门要对项目进行严格审核。

采购人员如果选择这种询价方式，首先，要确保项目预算金额符合规定要求；其次，要确保询价项目不影响企业的主营业务；最后，要确保询价的流程、单据以及与供应商的往来邮件完全符合企业规定。

采购人员在询价过程中，一定要注意公平性和保密性。例如，用密送（Blind Carbon Copy，BCC）方式，同时向供应商发送询价邮件；有供应商询问项目的相关问题时，要将回复发送所有供应商；若进行二次或者多次议价，要同时面向所有供应商进行。

二是询价单要明确的信息：①产品或者服务的名称及要求要书写清楚，关键用语要专业，为行业普遍认可。②产品/服务单位要明确（“套”“件”“个”），单位使用要符合行业规范。③要标明供应商回复截止日期，逾期即为放弃报价。④供应商的报价必须注明有效期。⑤在必要情况下，供应商要进行分项报价。

为确保供应商的报价满足上述要求，采购人员要提前设计好报价单模板，以便供应商正确填写。

## 二、议价采购

议价采购是非正式询价的一种特殊形式。

非正式询价的核心是比价，但有一些产品/服务因为客观条件限制，无法比价，只能和单一供应商进行议价。由于缺少比价过程，后期审计部门会着重关注，采购人员须谨慎处理这样的项目。

1. 议价采购方式的优缺点（如表1-5所示）

**表1-5　议价采购方式的优缺点**

| 优点 | 缺点 |
|---|---|
| 节省时间及成本：采购人员只需要通过邮件或者传真即可获取相应的报价，不需要登报或公告，简化了相应流程，节省了时间与费用。<br>失误减少、弹性增加：采购人员基于使用部门的需求，与供应商逐项核对报价单的内容，更容易发现不符合要求的报价项目并立即改正。<br>发展互惠关系：买卖双方可基于项目开展其他有利于双方的合作，如信息互换、市场推广、技术交流等 | 价格偏高：供应商形成事实上的垄断，缺少竞争，从而导致项目采购价格偏高。<br>技术及服务水平难以提高：单一供应商提供产品或服务，易导致项目技术水平和服务质量受限。<br>容易滋生舞弊行为：部门代表易受到供应商的诱惑，或承受特殊关系的压力，做出不当承诺 |

2. 议价采购需要注意的问题

一是议价采购前，采购人员要判断项目是唯一采购（Sole source）还是单一采购（Single source）。

Sole source是由客观环境导致的唯一采购渠道，如政策文件规定采购的物品及服务（二代身份证识别仪、大型活动安保服务等）。采购人员的工作重点在于提高采购物品和服务的质量，在保证质量的前提下，降低价格。

Single source是因为项目的要求或者企业的规定，主观上导致的唯一采购渠道，如企业要求采购某品牌的电脑产品、企业需要采购某特定网站的广告服务等。在这种情况下，采购人员要着重判断项目是否为以下几种情形，争取引入其他供应商，形成充分竞争。具体如下：①同一地区仅有一家供应商有项目所需的物品/服务。最好要求供应商提出相应的证据，如品牌授权代理书、商标所有权证书、网站域名备案资料等。②项目所需物品/服务只有一家供应商能够一次性供应。采购人员需要与产品/服务的使用部门充分沟通，书面确认分批供货、多供应商供货等类似方案皆无效。③确认项目所需物品为专利品或原品牌的配件，不能以其他产品替代。在这种情况下，采购人员要尽量缩短采购渠道，在专利所在地或者原品牌工厂购买，减少渠道因素产生的额外费用。④与项目相关的多个使用部门沟通确认，从多维度判断项目所需的产品/服务只能单一采购。这些沟通须形成书面文件，且由相关部门领导签字确认，由采购人员进行备案。⑤计划进行非正式询价或招标，但只有一家供应商参加。在这种情况下，采购人员要与不参加的供应商充分沟通，明确其不参加的原因。如果是因为供应商对项目理解不够充分，则要及时召开相关说明会，对供应商所关心的问题进行解答，争取其参加相应的非正式询价或招标。确为客观原因导致供应商不能参加非正式询价或招标的，应争取供应商发送书面材料说明原因，采购人员收存备案。

二是议价采购是一种弊大于利的采购方式，是无奈之举。审计部门要重点关注，采购人员则要做到以下几点：①议价采购需经项目相关部门集体判断并批准实施。②议价采购的所有流程必须书面化，必要时需经相关部门领导审批。③采购人员务必将相关资料和审批及时归档，以备查。

## 三、招标

招标是由买方事先发出招标通告，对所需产品/服务提出相应的要求和交易条件，邀请卖方在规定的时间、地点参与投标的采购方式。

1. 招标的五个阶段

一是招标。具体为：①审核采购内容、确认采购方式、设定参与投标供应商的标准等。②制作和发出招标邀请书。

二是投标。供应商在投标截止日期之前将标书送达指定地点。如今，供应商多采用线上系统投标。

三是开标。基于项目的整体需求，由产品/服务使用部门、采购部门以及其他关联部门共同决定底价。

四是决标。具体为：①对供应商的标书进行价格、条款审核，综合评定、确认最终的中标供应商。②发送中标通知书，将中标结果通知参与投标的供应商。

五是签约。依据企业的相关规定，与中标供应商签署合同或者向其下订单。

2. 招标采购方式的优缺点（如表1-6所示）

**表1-6　招标采购方式的优缺点**

| 优点 | 缺点 |
| --- | --- |
| 减少舞弊：公开招标，供应商公平竞争，最低价者得标，相关人员难以徇私舞弊。<br>降低成本：公开竞争，价格趋于合理。<br>提高品质：使用部门可以充分了解所需产品/服务的技术水准与发展趋势，促进产品/服务的改进 | 成本较高：前期制作招标邀请书，中期各部门商谈决定底价，后期审核标书以及确认中标供应商，都需要买方各部门投入大量人力、物力和时间，提高了整个招标流程的成本。<br>可能造成围标：为了获得更大的利益，供应商之间可能会围标，给买方造成困扰与损失。<br>可能出现恶意抢标的情况：尤其是在反向竞标（供应商在现场或系统上进行实时反向竞价，价低者得）中，供应商为了中标而恶意抢标，可能会报出低于成本的单价，事后又不能提供产品/服务，或者以次充好 |

3. 招标采购需要注意的问题

招标方式整体来看利大于弊，若条件允许，采购人员应尽量采用这种方式。

招标过程涉及多个部门，中间若有一个环节出现差错，就要重新进行招标。因此，在招标的各个时间段要反复和供应商确定时间。

前期：采购人员需统一给参与招标的供应商发送 BCC 邮件，强调时间节点，务必获得供应商的书面回复。

中期：采购人员要时刻关注供应商的投标情况，招标结束的前一天，通过邮件进行提醒；招标结束前 3 个小时，每 1 个小时，通过电话提醒。

后期：对于没有完成最后投标的供应商，采购人员要书面询问其没有参与投标的原因，并获取供应商的书面回复。

招标采购，向供应商发送招标邀请书，应体现以下内容：①报价有效期和报价截止日期。②对供应商资质的要求，并要求其提供相应的证明文件。③所需产品/服务的描述及相关参数。④项目的时间节点。⑤账期：明确账期是自然日还是工作日。⑥交货地点和贸易条款，这在国际贸易中，尤为重要。⑦质量要求，明确最终验货方法，以及出现问题的解决方案。⑧特殊要求，如生产所用工具、模具等，费用、所有权如何规定和划分。⑨合同模板（含质保协议等），为后期签订合同打好基础。⑩最小起订量和订货周期。⑪买方负责招标的联系人、地址、电话和邮箱。

在实际采购工作中，采购需求往往随着项目的推进而变化，采购人员须灵活使用这三种询价方式。

## 第四节　报价分析准备

采购人员在进行报价分析之前，必须明确以下五个问题。

### 一、产品/服务是否符合使用部门的需求

在进行报价分析之前，采购人员需要将产品/服务的相关信息提供给

使用部门（产品的技术参数、图片、成分构成、样品等；服务的设计理念、实施方案等），以便确认产品/服务是否满足其需求。如果满足，采购人员可以进行报价分析；如果不能满足，采购则按以下两种方法处理。

一是如果报价单缺失产品/服务的核心信息，采购人员则要依据规定，从“非正式询价”“议价采购”“招标”三种方式中选择其一，进行二次询价。

二是如果报价单缺失产品/服务的非核心信息，则采购人员可以进行报价分析，但必须将情况记录在案，向供应商争取更多的利益。

## 二、供应商能否准时交付产品/服务

对于各时间节点，采购人员需要判断供应商能否满足项目的要求，要重点注意以下三个因素。

一是气候因素。供应商或者项目所处地域气候的不同，对于时效性的影响巨大。中国南方地区，夏季需要考虑台风对海运、陆运时效的影响；中国北方地区，冬季需要考虑风雪对空运、陆运时效的影响。通常情况，受气候因素影响，时效会比正常时间节点延迟1周左右。

示例：2020年12月中旬，H公司计划从山东龙口采购一批零配件运至辽宁大连用于机器维修。计划12月13日龙口工厂完成生产，12月14日清晨零配件出厂并通过渤海轮渡，于当日夜间送达大连工厂并进行机器维修。但12月13日，龙口遭遇大暴雪，直到12月16日龙口工厂才恢复生产。12月17日傍晚，大连工厂收到货物，相比计划耽误了近1周时间。

二是政治因素。国家或者地区举办大型活动，出于安全考虑，可能会对生产或者运输进行限制，从而影响时效。例如，北京、上海等地常因举行大型会议，而限制相关货车进入市区；华北地区常因为环保要求对某些行业采取限时停产等措施。通常情况下，举行大型会议，时效性比正常时间节点延迟1周左右。但是因为环保要求，相关时效往往会比正常时间节点延迟1~3个月，在这种情况下，采购人员应该建议产品/服务的使用部门避免选择该区域的供应商，从而规避后续风险。

三是民俗因素。一些区域或者民族风俗也会影响时效。例如，我国华北地区，很多乡镇企业每年春耕时节会停工 1 周，以便员工可以参与春耕工作。中国北方很多乡镇企业春节会从头年农历腊月二十三放假至来年农历正月十五，南方很多乡镇企业却是从头年农历腊月二十四放假至来年农历二月初二。通常情况下，受民俗因素影响，时效会比正常时间节点延迟 3~15 天。

示例：2021 年 1 月上旬，H 公司准备紧急采购一批铸件用于出口。H 公司经过前期市场调研，初步确认了潜在供应商：河北石家庄供应商 A 以及广东南海供应商 B。因为时间紧急，生产周期是 H 公司关注的焦点。两家供应商的生产周期都为 7 天，如果 H 公司 2021 年 2 月 1 日下单，两家供应商的生产安排如表 1-7 所示。

**表 1-7　供应商 A、供应商 B 的生产计划安排**

**供应商 A**

| 2月 | | | | | | 3月 | |
|---|---|---|---|---|---|---|---|
| 1日 | 2日 | 3日 | 4—26日 | 27日 | 28日 | 1日 | 2日 |
| 生产 | | | 休息 | 生产 | | | |

**供应商 B**

| 2月 | | | | | 3月 | | | |
|---|---|---|---|---|---|---|---|---|
| 1日 | 2日 | 3日 | 4日 | 5—28日 | 1—14日 | 15日 | 16日 | 17日 |
| 生产 | | | | 休息 | | 生产 | | |

注：

2 月 4 日——农历腊月二十三，北方小年；

2 月 5 日——农历腊月二十四，南方小年；

2 月 26 日——农历正月十五，元宵节；

3 月 14 日——农历二月初二。

在客观条件基本相同的情况下，因为南北方的民俗差异，供应商 A 比供应商 B 节省了半个月的生产时间。

## 三、供应商的报价是否包含所有费用

采购人员要着重确认供应商的报价是否包含税费（明确税率和发票种类）、包装费（自带包装还是定制化包装）、运输费（明确运输方式，是送货上门还是自提）等。

## 四、供应商是否提供相关折扣

折扣分现金折扣和商业折扣，对于两种折扣，采购人员需着重了解以下内容。

1. 现金折扣

现金折扣是一种鼓励购买者缩短支付账期的价格优惠，产品/服务的单价随着账期的延长逐步提高。供应商如果采取这种报价方式，采购人员则需要获得财务部门的支持，一方面确认供应商要求的账期是否符合企业的规定；另一方面综合换算不同账期下产品/服务的实际价格。采购人员要做到在同一账期条件下，对不同供应商的报价进行分析。

2. 商业折扣

商业折扣是指供应商为促进商品销售而给予的价格扣除。通常情况下，供应商会基于采购数量的不同给予不同的折扣，即阶梯报价。若供应商采取这种报价方式，采购人员要争取产品/服务使用部门的支持，根据相关要求，最终确认采购数量。采购人员基于最终数量，根据企业的相关要求，进行二次询价，并进行报价分析。

示例：H 公司计划采购供应商 A 的产品 10000 件，每件产品的标价为 20 元（含税、运费、包装），报价单显示账期对价格的影响为 2/10，1/20，*n*/30；由于是成批采购，供应商 A 给予 H 公司 10%的折扣。

2/10，1/20，*n*/30（H 公司收到发票后 10 日之内付款，给予 2%的折扣；收到发票后 10~20 日付款，给予 1%的折扣；收到发票后 20~30 日付款，没有价格折扣；收到发票后超过 30 日付款，H 公司违约）为现金折扣条款。10%的优惠，是商业折扣条款。

## 五、供应商的账期要求是否符合企业的财务制度

针对供应商报价单中体现的账期要求，采购人员需将之与企业的财务制度进行对照，着重关注如下问题。

1. 与企业财务制度相符

采购人员在进行报价分析前，应提示使用部门向财务部门报备资金使用计划，为后续的付款奠定基础，防止因为资金不到位而耽误项目进度。

2. 与企业的财务制度不符

采购人员在进行报价分析之前，需先征得产品/服务使用部门及财务部门负责人的批准。采购人员要基于符合账期要求的价格，在同一标准下进行报价分析。

以上为采购人员进行报价分析时应该注意的问题，在落实解决相关问题时，需寻求其他部门的协助或者批准。相关部门的协助与反馈应尽可能落实在纸面上，采购人员要注意整理备案，方便审计部门审核。

报价分析的前期准备是商业谈判、降本增效以及其他采购工作的基础，采购人员只有塌下心来，扎实准备，才能保证后续的报价分析准确且有价值，为商业谈判和降本增效提供支撑。

## 第五节　读懂供应商的报价单

一份产品/服务报价单通常包含以下内容。

### 一、原材料

原材料是构成产品主要实体的各种原料、辅助材料、燃料、修理备用件、包装材料、外购半成品等。原材料成本占比最大，最高达到90%，采购人员要着重注意以下几个方面的问题。

1. 以次充好

原材料大部分由供应商从产业链上游工厂购买，工厂数量众多，实力和能力悬殊，材料价值自然也分三六九等。采购人员要预防供应商降低原材料成本购买劣质原材料。

2. 偷换概念

原材料品类庞杂，同一参数可能对应不同品质的原材料，如果采购人员不了解，就会被供应商算计。

以钢材为例，5mm 厚的钢板分足尺、4.95 和 4.90，对应的实际厚度分别为 5mm、4.95mm 和 4.90mm。

3. 不扣除边角余料价值

原材料在加工过程中会产生边角余料。边角余料通常的处理方式主要有：①作为主要原材料进行二次加工，如压榨食用油产生的豆渣可以作为浸出工艺的原材料，二次取油；②作为次要原材料进行二次加工，如玉石加工产生的小玉石，可以作为装饰材料，镶嵌于其他产品；③出售，如机械加工行业产生的边角余料可以作为废料出售。

无论哪种处理方式，原材料边角余料的价值都可以冲销原材料成本，采购人员要预防供应商在报价单上不体现边角余料价值。

4. 弹性报价

供应商进行区间报价，结算时按照区间上限进行结算。到项目完工时，大部分原材料已经变成产品，如果不使用特殊的技术手段，无法验证供应商所提供的原材料是否为上限品质。但相关验证过程所产生的时间、人力成本对采购方来说得不偿失，因此大部分采购方只能默认供应商的说法。

为避免原材料出现以上问题，采购人员可采取以下应对措施。

一是询价单写明所需产品的详细技术要求。

二是对于报价过低的原材料，采购人员须与材料使用部门及时沟通，从专业角度去审视供应商原材料报价的合理性。必要的时候，可以供应商提供的样品来确认其品质。

三是报价单必须体现原材料边角余料的处理方式和价值，或解释边角余料对报价的影响。

四是不允许弹性报价。

## 二、人工费

人工费是从事直接生产和辅助生产的人工费用。计算公式为

人工费=人工数量×单位时间工资×工作时间

对于供应商的报价，采购人员要预防其虚增人工费，具体如下。

1. 产品类——虚增人工数量

一般情况下，产品的单位工作时间工资和工作时间是较为透明的。所以采购人员要重点预防供应商通过虚增人工数量来提高人工费用。

2. 服务类——虚增单位工作时间工资

一般情况下，不同供应商完成同一类服务的人工数量大体相同。如果人数太多，只能说明供应商的业务水平不达标。

所以供应商一般通过虚增单位工作时间工资来提高人工费用。举例来说，同样是视频剪辑师，剪辑电影和剪辑婚礼录像，自然不是一个工资水平。

为预防供应商虚增人工费用，采购人员可采取以下应对措施。

对于产品，采购人员或者产品使用部门要通过现场调研，确认人工数量。

对于服务，采购人员要以结果为导向。无论供应商的报价单如何，只看供应商的服务是否达到使用要求，且要看谁的价格更低。

## 三、损耗

损耗是指材料在运输及使用过程中，意外或人为原因造成的损失。材料损耗率一般不超过5%。

材料损耗率过高一般存在以下两种情况。

1. 供应商的技术水平低

在进行报价分析时，采购人员要着重说明这一点，对产品/服务使用部门进行预警，防止产品质量出现问题。

2. 产品/服务的技术要求超过供应商能力

在进行报价分析时，采购人员要让使用部门注意这一点，必要时更新产品设计或者降低产品技术要求，以避免后续风险。

## 四、包装费

包装费包括商品所使用的包装物（如纸箱、木箱等）、耗用的各种包装材料（铁钉、铁丝等）费用，改装、换装、修补包装费用、设计费、试验费（破坏性试验、水浸试验等），包装现场拍照费用等，包装费用相关问题如下。

1. 供应商未提供特殊要求的包装

因为产品的特性或者特殊要求，供应商需提供特殊要求的包装。例如，一些食用油具有光解性，在阳光照射下，易发生化学性质改变，导致食用油变质。因此，供应商必须提供棕色的瓶子。一些出口产品的木质托盘必须经过熏蒸，以达到杀虫和杀菌的目的。但个别供应商为降低成本，提供的外包装往往达不到要求。

2. 供应商模糊包装费用计价标准

有时供应商实际提供的是循环包装，但在报价时按照包装物的总费用进行计算。

3. 过度包装

供应商在设计产品包装时易忽略包装的性价比，客观上导致过度包装，从而使包装费用提高。

为控制包装费，采购人员可采取如下对应措施。

根据产品要求，让供应商提供包装样品或者相关资质文件。例如，对供应商提供的棕色瓶子进行光照测试，以验证其隔光性；要求供应商提供印有国家指定熏蒸标识的木质托盘，以证明其包装是否符合出口要求。

现场调查或者要求供应商提供包装物使用次数证明。对于循环包装物，则要求供应商按循环周期平摊包装费，而不是一次计提包装费用。

为了控制包装费用，采购人员要和使用部门及供应商研究包装物性价比，避免过度包装，造成不必要的浪费。

## 五、运输费

运输费是指将产品从供应商场地运至采购方指定地点所产生的费用。作为采购人员，应从以下几方面审查运输是否存在问题，以免导致额外损失。

1. 物流方式是否合理

市场上常见的物流方式主要有4种。采购人员应该根据双方的情况及采购项目的特点，审视供应商提供的物流方式是否合理。4种主要物流方式如表1-8所示。

表1-8 4种主要物流方式

| 内容 | 第一方物流 | 第二方物流 | 第三方物流 | 第四方物流 |
|---|---|---|---|---|
| 运输方式 | 供应商自有物流 | 提供物流或仓储单一服务的物流企业，如货站 | 外包专业物流企业 | 集成、整合第三方物流供应链的大型物流企业 |
| 优点 | 物流成本相对较低，配送时间较灵活 | 集中发货，降低了单件运输成本。买卖双方都不用承担货运风险 | 一站式物流服务。提供相应账期，不需现金结算 | 全球化物流方案，可满足大型企业的项目要求 |
| 缺点 | 供应商需要承担物流风险，并将相关风险转嫁给买方。买方如果采购计划没有做好，容易出现亏舱情况 | 现款结算，没有账期，配送时间不够灵活 | 价格要高于第一方物流、第二方物流。配送灵活性低于第一方物流、第二方物流 | 大多数企业用不上 |
| 注意要点 | 采购人员应多进行物流价格对比，以确认物流性价比。采购计划、工厂产能与物流计划尽量匹配，争取满装出运 | 要货比三家，由于货量问题，一些收货地的物流公司为防止空车往返，往往要价低于发货地的物流公司。采购人员要考虑发货过程中的送货上门、打托盘、缠膜包装、防雨等问题，并交代物流公司 | 采购人员要提前制定紧急发货时的备用方案，以免产生额外成本导致项目延误 | 买卖双方和第四方物流属于战略合作关系，采购人员不必纠结单笔运输费用，而应该要求物流方从专业角度提升服务，从战略层面降本 |

2. 考虑运输过程中可能产生的问题

采购人员要明确，供应商报价是否包含运输过程中可能发生的各种情况。例如，运输过程中为防止货物丢失所进行的保价，产生的汽运、海运以及空运相关保险费用。

## 六、管理费

管理费是企业行政管理部门为管理组织经营活动而发生的各项费用，包括工会经费、职工教育经费等。

管理费一般占产品/服务报价的5%~20%，企业规模越大，管理费用越高。为防止供应商在管理费用上做文章，采购人员可采用如下两个方法进行分析。

### 1. 根据不同行业的管理费率进行估算

管理费用可根据不同行业的管理费率进行估算，如机械行业一般为8%~10%，服务行业一般不超过5%。

### 2. 横向比较

在前期询价时，尽量选择与企业规模相近的供应商。通过对不同供应商报价单的横向比较，很容易发现供应商的管理费用是否有问题。

## 七、税费

税费主要指增值税，以商品（含应税劳务）流转过程中产生的增值额为计税依据而征收的一种流转税。

对于税费，采购人员需要注意以下两点。

### 1. 确认发票要求

询价前，采购人员要与使用部门、财务部门明确发票要求：是增值税专用发票，还是增值税普通发票？发票名称、单位、备注有什么具体要求，并于询价单中说明。采购人员收到报价后要和供应商再次确认。

### 2. 供应商报价税率与国家税率不符

供应商的报价税率可能比国家规定的税率略高（如税率为6%的服务项目，报价单中却是6.7%），这是因为供应商要考虑河道维护费、教育附加等相关费用，是合理的。如果采购人员不好进行比价，可以让供应商将多出来的部分调整至产品或者服务的报价中。

## 八、利润

利润是指供应商的盈利。采购人员要留意供应商报价单中涉及利润部分的相关问题。

1. 将财务费用隐藏于利润中

采购人员在审核报价单时，如发现供应商的利润有较大变化，则应该考虑账期对供应商利润的影响。

一般来说，买方要求供应商提供较长的账期，供应商会相应提高利润，用以抵销财务费用。如果采购方的账期要求没有变化，采购人员则要留意供应商提高利润的原因。

2. 警惕“零利润”的情形

采购人员遇到“零利润”的情况，要重点审视报价单其余部分，审查供应商是不是将利润隐藏在其他项目中；如果确实是这种情况，就要与使用部门沟通，对供应商的诚信提出质疑，争取对此供应商一票否决，不留后患。

在平时的工作中，采购人员要经常与本公司以及供应商的财务、技术、物流、销售等部门进行沟通，深入了解这些部门的工作习惯和专业知识。只有通过不断积累，才能对供应商的报价单有更加深刻的理解，及时发现其中隐藏的问题，为正式报价分析打下良好的基础。

# 第六节　供应商的定价策略

在分析供应商的报价时，采购人员经常会发现一个有趣的情况：对于相同产品或类似服务，不同的供应商报价差异很大。

## 一、影响定价的因素

有的供应商报价单中列示的利润额很大，有的却是负数。为什么会出现这种情况？究其原因，主要是由供应商的定价策略引起的。商场如战场，价格是供应商赢得竞争最好的武器。在定价时，供应商通常要考虑以下三个主要因素。

A. 需求——决定价格的上限；

B. 成本——决定价格的下限；

C. 竞争——决定价格的合理性。

价值规律决定了市场需求越小，产品/服务的价格越低；反之亦然。当产品/服务的价格低于产品/服务的社会平均成本时，企业会出现亏损。因此，供应商在给产品/服务定价时，会综合考虑竞争对手的定价来确定其产品/服务的价格。

## 一、供应商常见的5种定价策略

基于上述三因素，供应商通常采用以下五种定价方法。

1. 成本定价法

成本定价法指供应商基于可变成本和固定成本决定一个利润率，这种定价法常为制造企业所用。

2. 溢价定价法

溢价定价法不囿于产品/服务的成本，供应商在采购方对价格不甚了解的情况下，以高于产品/服务的市场一般价格进行试探，以获取高额利润。

3. 渗透定价法

渗透定价法是指供应商在进入某个新市场时，往往采用低于市场一般价格的策略，等到产品/服务在新市场站稳脚跟后，再逐步提高价格。

4. 边际成本定价法

边际成本定价法是指供应商的产品/服务价格仅覆盖其可变成本，通常比市场价低。供应商采用边际成本定价法，一般是为了抢单，以便充分利用闲置产能，或确立其垄断地位。

5. 市场定价法

市场定价法是指供应商按照市场的行情对产品/服务进行定价。当行业协会建立或企业形成联盟时，产品/服务的价格很容易被人为推高。

另外，供应商在给产品/服务定价时，还会关注以下几个因素。

1. 需求价格弹性

需求价格弹性是指市场对商品的需求对于价格变动的反应。若价格发生微小变动，需求量几乎不受影响，则为“需求无弹性”；若价格发生微小变动，需求量发生较大变化，则为“需求有弹性”。

2. 撇脂定价

撇脂定价是指新产品/服务初上市，定以高价格，以期短期内获得厚利，尽快收回成本，像从牛奶中撇取奶油一样。

3. 价格折扣和折让

企业为鼓励客户及早付清货款，在其大量购买或于淡季购买时，酌情调整产品/服务的价格，这种价格调整称为“价格折扣”和“价格折让”。

## 第七节　验证价格的合理性——TPSM

面对供应商的报价单，采购人员如何选择最合适的供应商？报价最低的供应商未必是最合适的供应商。为此，采购人员需要通过目标价格建立模型（Target price setting model，TPSM）来验证供应商所报价格的合理性。

### 一、TPSM 及 5 种价格要素

TPSM 采用以下 5 种价格要素，验证供应商的报价是否合理。

1. 历史采购价格

采购方采购相同货物或者类似货物/服务的价格。

2. 供应商的首轮报价

基于询价，得到供应商的首轮报价数据。

3. 友商的采购价格

采购人员通过市场调研获得的价格信息或者竞争对手的采购价格。

4. 市场参考价格

大宗原材料的期货价格或产品/服务的市场价格。市场参考价格务必剔除因特殊活动（如“双 11”“6・18”促销等）对价格产生的影响。

5. 成本分析价格

依据采购人员搜集的原材料费用、工时费用、管理费用、利润率等信息，由采购部门牵头，企业技术、财务等部门密切配合，估算采购产品/服务的价格。

## 二、TPSM 的运用

采购人员要根据采购项目的特点，分别对上述 5 种价格要素的权重进行赋值，计算相关产品/服务的目标价格，再结合供应商的表现，设置挑战价格。供应商之前表现越好，挑战价格越接近目标价格；反之，挑战价格越低。以目标价格为最高价格，以挑战价格为最低价格，经过谈判确定的最终价格，为合理价格。

示例：小李需定制一批加工件，为确保采购价格的合理性，小李使用 TPSM 进行验证。

通过成本分析，小李得到如下数据：原材料费 60 元，加工费 10 元，历史采购价格是 100 元/个，供应商初次报价也为 100 元/个。TPSM 具体运用如表 1-9 所示。

**表 1-9 基于 TPSM 确定目标价**

| 标的物 | 历史采购价格 | | 友商竞争价格 | | 供应商首次报价 | | 市场参考价格 | | 成本分析价格 | | 目标价格/(元/个) | 挑战价格/(元/个) | 最终价格/(元/个) |
|---|---|---|---|---|---|---|---|---|---|---|---|---|---|
| | 价格/(元/个) | 权重/% | 价格/(元/个) | 权重/% | 价格/(元/个) | 权重/% | 价格/(元/个) | 权重/% | 价格/(元/个) | 权重/% | | | |
| 非标加工件 | 100 | 30 | NA | NA | 100 | 20 | NA | NA | 80 | 50 | 90 | 80 | 88 |

根据项目的特点，小李对5种价格要素权重赋值，通过计算求得加工件的目标价格为90元/个。基于供应商的第一轮报价，账期、交货时间都不能满足小李的要求，因此小李制定了较低的挑战价格：80元/个。通过多轮谈判，双方最终确定加工件的价格为88元/个，较目标价格低了2元/个，因此价格是合理的。

面对各种不同的采购需求，采购人员在使用TPSM验证采购价格的合理性时，不可墨守成规、生搬硬套，而应根据项目的特点对价格要素权重分别进行赋值。例如，对于大宗原材料，更应该看重市场参考价格；而对于用于市场推广用的礼品，采购人员则应该更加看重友商的采购价格。如此，运用TPSM才能更具有针对性，使之成为采购人员管理价格的利器。

## 第八节　如何善意地拒绝

在日常工作中，采购人员常常需要拒绝供应商的某些不合理请求。尤其是在招标结束后，如何向落标的供应商传达结果，是采购人员顺利开展商务活动的必修课。以下为采购人员日常经常面对的3个场景及示范做法。

**场景一**

新供应商甲主动找到采购人员询求业务机会。采购人员经过考察，发现没有适合供应商甲的采购需求，因而不打算替换现有的供应商。为此，采购人员对供应商甲做出以下回复。

“感谢关注我司业务，我司致力于发展长期稳定的供应商关系。我司对现有供应商的表现很满意，目前暂不考虑开发新的供应商。我司向每一位供应商提供平等竞争机会，如有业务机会及时联系您。”

**解析**

采购人员要规避与供应商建立特殊关系的风险，要明确任何决策是出于企业战略而非采购人员的个人决定，并秉持公平公正的原则。但为便于将来可能的业务需求，采购人员应保留对方销售人员的联系方式。

**场景二**

采购人员在与供应商谈判时，对方提出如果采购人员保证订单，可以再降价 5%。若采购人员还准备与别的供应商商谈，采购人员该如何回应对方？

“价格是核心因素。如果再降价 5%，可以保证在供应商定点前能获得最后报价的机会。让我们彼此信任、协同作战，互惠共赢。谢谢！”

**解析**

供应商主动降价，非常有利于采购方。但采购人员不可急于承诺供应商，应与其他供应商多接触、商谈，以争取更有利的条件。此外，采购人员要引导供应商履行降价的承诺，为此要努力取得供应商销售人员的信任并给予其最后的报价机会，作为供应商主动降价的回报。

**场景三**

当供应商兑现降价承诺时，采购人员也要给予其最后的报价机会。但该供应商的价格比此次招标的最低报价要高，采购方选择了报价最低的供应商，采购人员如何回复该供应商？

“本次招标贵司虽没有中标，但不会影响贵司正在报价或将要报价的新项目。我方与参与本次招标的所有供应商签署了保密协议，承诺对本次各供应商的报价信息给予保密。如对本次招标结果有疑问，请于收到邮件后三日内提出，逾期不予答复。感谢贵司的一贯支持！”

**解析**

一方面，采购人员需要解释清楚招标的依据，让供应商明确未中标的原因；另一方面，采购人员要告知供应商，此次结果不会对供应商的新业务产生不利影响，以免影响双方的长期合作。为避免个别供应商纠缠不休，采购人员应书面指出不会公布中标价，以免供应商出于报复心理报出更低价格扰乱招标工作。设置 3 天的沟通时限可以有效优化采购工作。

可见，通过善意表达，采购人员不仅可以获得较低的采购价格，还可以维护和谐的供应商关系，树立良好的商务形象。

# 第二章　谈判管理

## 第一节　谈判概述

### 一、谈判类别

根据不同的标准，谈判可分为多种，如按谈判对象的不同，谈判分为解决企业不同部门间问题的内部谈判和解决不同企业间问题的外部谈判；按谈判人数，谈判可分为个人谈判与团队谈判；按谈判目的，谈判可分为主动谈判与被动谈判等。以下重点对主动谈判和被动谈判进行说明。

1. 主动谈判

主动谈判指采购人员欲达成某种对自身有利目标而主动发起的谈判，如针对供应商第一次报价进行的价格谈判，针对产品或服务存在的问题进行的售后和索赔谈判等。

在主动谈判过程中，采购人员要通过运用各种谈判战术，追求自身利益的最大化，并为未来双方的合作奠定基础。

2. 被动谈判

被动谈判指采购人员应对供应商提出的某种要求而被动进行的谈判，如采购人员应对供应商要求涨价或者缩短账期的谈判等。

在被动谈判过程中，采购人员作为应对方，无论是从谈判的准备工作，还是市场信息的掌握程度等来看，都处于劣势。因此，采购人员要从自身优势着手，确保项目的核心利益不受损。

## 二、谈判结果

谈判本质上是谈判双方脑力、体力及心理的博弈。对于谈判双方——采购人员与供应商而言，胜负结果无非 4 种情况，如表 2-1 所示。

**表 2-1　供需双方博弈情形**

| | |
|---|---|
| 供应商输，采购方赢（输赢） | 供应商赢，采购方赢（赢赢） |
| 供应商输，采购方输（输输） | 供应商赢，采购方输（赢输） |

从谈判的目的来看，“双赢”是最好的谈判结果。但客观上说，一些传统行业大环境处于经济减量，双赢的机会少；从主观上说，企业存在的目的就是追求利益最大化，供应商不会轻易将利润拱手让渡采购方。因此，如何从供应商处争取更多的利益，是谈判的主旋律。

## 三、谈判流程

成功的采购谈判，通常包括 5 个阶段，如图 2-1 所示。

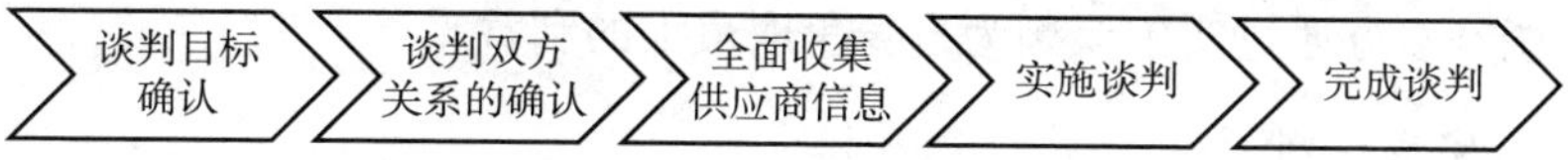


**图 2-1　谈判流程**

1. 谈判目标确认

谈判的根本目的在于双方对某些问题达成一致，为此在谈判过程中，谈判双方难免进行一些利益的交换。哪些利益可以交换，哪些必须坚守？这就需要采购人员在谈判之前确认以下 3 个谈判目标。

（1）必须实现的目标

必须实现的目标是谈判的主要目标，如果必须要实现的目标没有达成，那么谈判就是失败的。

（2）想要实现的目标

想要实现的目标是谈判的次要目标，是谈判人员依据实际情况，力争要达到的目标。但在谈判处于僵持状态时，可以通过利益交换达成想要实现的目标。

（3）打算实现的目标

这一谈判目标能达到更好，达不到也无关大局。但谈判过程中，谈判人员不能让这一目标影响必须实现和想要实现的目标。

2. 谈判双方关系的确认

可利用供应商分类模型和供应商敏感度模型，确认谈判双方的关系，基于这些关系制定谈判策略。

3. 收集供应商的信息

供应商的信息主要包含两个方面：一是针对供应商背景的全面调查，如其财务状况、产品参数、行业排名和竞争对手等信息；二是供应商相关人员的信息，如其谈判能力、抗压能力、从业经验和授权程度等。这些信息对谈判策略的制定有着至关重要的作用。

4. 实施谈判

谈判双方从提议到达成协议这一过程，是整个采购谈判的核心部分。谈判双方通过实施谈判为自身争取最大的利益。

5. 完成谈判

谈判双方通过深入沟通，消除分歧，做出承诺，并形成文字资料（合同、订单或确认邮件等），完成谈判目标。需要注意的是，在谈判过程中谈判人员难免会有这样或者那样的疏漏。因此，在项目实施过程中，采购人员要随时关注项目进度，发现问题及时和产品/服务的使用部门、供应商进行沟通；如有需要，及时签订补充协议。

## 第二节　谈判准备及注意事项

“知己知彼，百战不殆。”因此，在确认谈判目标后，采购人员应及时了解谈判双方各方面的信息，具体可从以下 4 个方面着手。

## 一、运用供应商分类模型

供应商分类模型为卡拉杰克模型的一种衍变体，是从采购方的角度，以采购金额和供应风险为维度，对供应商进行分类。根据采购金额和供应风险的大小，供应商被划分为四种，具体如图 2-2 所示。

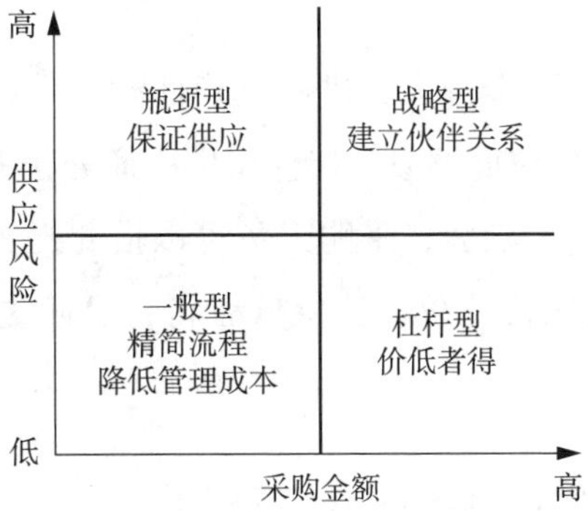


**图 2-2 供应商分类模型**

1. 战略型供应商

当产品/服务的采购金额大，供应风险高时，供应商属于强势供应商，如掌握高精端技术的垄断型供应商，为战略型供应商。同时，采购方的采购金额大，对供应商也具有很大的吸引力。在这种情况下，合作双方需要增加彼此的沟通频次和层次，企业高层之间要形成良好的互动，建立伙伴关系。在此基础上，双方各层次人员要进行密切的合作和沟通，保证供应的稳定性和价格的合理性。

2. 瓶颈型供应商

当产品/服务的采购金额小，但供应风险高时，供应商通常提供非标准件，产品的同质化程度低，为瓶颈型供应商。与此同时，供应商处于利基市场（高度专门化的需求市场），销售面比较窄。因此，采购人员对于瓶颈型供应商的管理要点是降低风险、保证供应。

3. 一般型供应商

当产品/服务的采购金额小，供应风险低时，供应商为一般型供应商，多半是市场竞争充分的物料供应商，如包材、印刷品、MRO（维护、修理、运作）等，属于买方市场。采购人员很容易找到备选资源，替换成本低。但产品/服务的采购面分散，总金额不大。采购人员对于一般型供应商的管理要点为简化采购流程，降低间接采购成本。

4. 杠杆型供应商

当产品/服务的采购金额大，供应风险低时，采购人员面对的为杠杆型供应商。与一般型供应商类似，杠杆型供应商处于充分竞争的市场。但由于产品/服务的采购金额大，采购人员可以借此提高项目吸引力，充分利用价格杠杆，通过比价议价，让价低者得，以便更多地获得成本上的收益。

## 二、综合运用供应商敏感度模型

供应商敏感度模型是站在供应商的角度，以采购金额和客户吸引力为维度，对采购方进行分类的一种模型。根据采购金额和客户吸引力的大小，采购方可划分为四种，具体情况如图 2-3 所示。

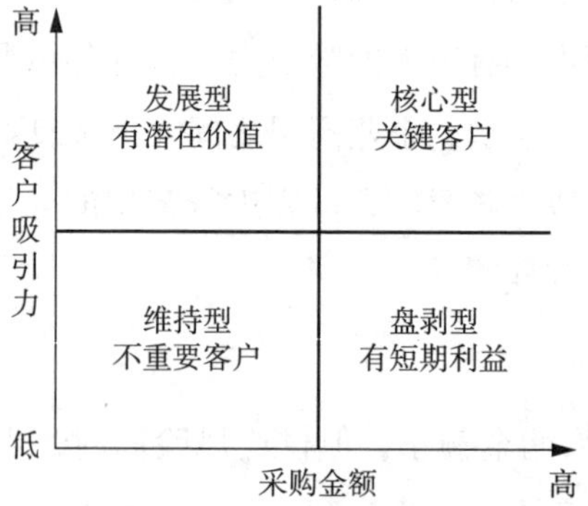


图 2-3 供应商敏感度模型

1. 核心型客户

核心型客户对于供应商而言是高价值客户群体，具有高采购价值和强吸引力，供应商自然希望与核心型客户建立长期战略合作关系。核心型客户对供应商的发展贡献很大，备受供应商关注，认为是其应进一步发展为战略关系的客户。供应商会不惜一切代价来维护和培育这种关系，并给予持续性关注。

2. 发展型客户

发展型客户具有低采购价值和高吸引力的特征。尽管发展型客户当前的采购价值比较低，但是企业在这类客户身上看到了某些重要、值得开发的潜力要素。供应商通常除履行基本合同义务外，还会以优惠条件招揽更多的机会（如提供技术研发支持、给予更长的账期或更高的返点等），以谋求快速发展与这类客户的关系，拓展双方的合作空间。如果一切顺利，这类客户很有可能转变为企业的核心型客户。

3. 维持型客户

维持型客户具有低采购价值和低吸引力特征，对供应商吸引力不大。一旦市场环境出现“风吹草动”或供应商的生产经营遭遇困境，通常会放弃这类客户。即使勉强维持交易关系，供应商也会尽量降低运营成本，在价格谈判中常体现出“寸土不让”的刚性，且容易采取提价策略，采购方只能获得简单的交易服务。

4. 盘剥型客户

盘剥型客户具有高采购价值和低吸引力的特征，因其业务量较大，在某种程度上弥补了其吸引力的不足。从表面上来看，供应商会履行供应合同条款的要求，但通常不会额外提供增值服务。换言之，供应商获取高采购价值所带来的高营收和高利润之外，对于采购方高的要求都会收取费用。因此，采购方意图开发和监控供应商的绩效（如到货率的考核、年度降本率的考核等），会遇到抵制。

一旦被供应商定义为“盘剥型客户”，采购方就会在整个采购过程中处处受限。采购人员该如何破局呢？下面以一实际案例，说明供应商敏感度模型在谈判过程中的具体运用。

示例：R公司自2006年成立以来，主要业务是将国内知名品牌的船舶动力系统（船用主机、齿轮箱、螺旋桨等）出口至南美洲多个国家。其中，每年预计采购A品牌的船用主机200余台，占R公司出口总额的80%左右。现阶段的市场状况是：一方面，由于A品牌的船用主机先前已经进入南美洲市场，为了保障各国代理商的利益，形成了一定的渠道保护，导致R公司只能从A品牌国内市级代理商处购买相应的产品并出口，采购成本居高不下；另一方面，由于A品牌主要目标客户群体在亚洲和非洲（约占上年全球销售额75%），南美洲前期市场宣传力度不足，使得船用主机在南美洲市场遭遇“水土不服”，各国的销售业绩惨淡（约占上年全球销售额的10%）。为了维持相应的市场份额和市场影响力，A品牌对于R公司“过线”的出口销售行为采取“不支持、不干预”的默认态度。

结合上述情况，R公司采购部使用供应商敏感度模型对该项目分析如下。

200余台A品牌船用主机的年采购量，从金额上来看，占A品牌南美地区的销售量很大的比例。由于A品牌船用主机的主要目标顾客群体不在南美洲，对于A品牌而言，该项目不具有吸引力。

因此，R公司对于A品牌来说属于典型的盘剥型客户。在项目的推进过程中，采购人员应想尽一切办法提高项目的吸引力，提高自身在供应商心目中的地位，进而由“盘剥型”向“核心型”转变，争取有利的采购条件。为此，R公司采取了以下措施。

首先，R公司加大了技术研发力度，对现有船用主机、齿轮箱、螺旋桨等出口产品进行整合，由过去的单一产品出口，转变为船舶动力系统出口。在降低对A品牌船用主机依赖性的同时，提高了齿轮箱和螺旋桨在出口产品中的比重。A品牌虽然不在意R公司每年200余台的出货量，但对于齿轮箱和螺旋桨的供应商来说，R公司绝对是“核心型客户”。R公司与该类产品的供应商组成了利益联盟，共同向A品牌施加压力。

其次，R公司加大了寻源力度，与A品牌的主要竞争对手B品牌取得联系。B品牌近些年来急于开拓未被A品牌占领的南美洲市场，但基于A

品牌的前车之鉴，进展十分缓慢。因此，双方一拍即合，由 B 品牌出资，R 公司主导市场开发，在南美洲各国举行一系列产品推介会，并通过 R 公司的社会关系，邀请各国政要、文体人员为 B 品牌站台宣传。通过一系列市场营销活动，在短短一个月时间内，B 品牌就销售了 37 台船用主机，初步打开了南美洲市场。

最后，R 公司与当地知名咨询公司合作，对南美洲船舶动力系统市场进行了深入调研与数据分析。着重对比了 R 公司与 A 品牌南美洲各国代理商的实力，预测了市场的未来走向，并制订了 R 公司对 A 品牌产品未来 5 年的宣传与推广计划。

通过以上措施，A 品牌明显感受到 R 公司施加的压力。为了保持其在南美洲地区的市场影响力，保证其销售渠道的全球覆盖率，经过 3 轮谈判，A 品牌承诺，在南美洲各国代理权到期之前，R 公司享受国内省级代理商的优惠条件。每年根据实际销售量，A 品牌对 R 公司进行返点优惠，以弥补 A 品牌不能直接向 R 公司出售产品而产生的渠道加价损失。在南美洲各国代理权到期之后，A 品牌与 R 公司将基于之前的销售情况进行谈判，在价格、技术支持与渠道保护方面给予全方面的支持；R 公司也将加大 A 品牌的宣传力度，提升其在南美洲市场的影响力，双方建立全面战略合作关系。

由以上案例可知，R 公司通过运用供应商敏感度模型，深入分析了其在 A 品牌商心中的地位，为后续的行动提供了理论依据。由此可见，供应商敏感度模型对于采购工作具有重要指导意义和实用价值。

## 三、谈判策略的制定

供应商分类模型和供应商敏感度模型，分别基于采购方和供应商的角度，审视了彼此在对方心目中的地位。在分析两个模型的过程中，我们会发现，两个模型的横轴都以“采购金额”为衡量维度，如果两个模型的横轴不变，上下移动纵轴，就会出现 8 种战略组合（没有交集的组合，用/表示），如表 2-2 所示。

表 2-2　采购的 8 种谈判策略

| 供应商分类（采购方角度） | 供应商敏感度（供应商角度） | | | |
|---|---|---|---|---|
| | 核心 | 发展 | 维持 | 盘剥 |
| 战略 | 抓大放小，着眼未来 | / | / | 描绘蓝图，提升吸引力 |
| 瓶颈 | / | 降低供应风险 | 内外兼修，打破瓶颈 | / |
| 一般 | / | 极力降低采购成本 | 现货采购，积累供应商资源 | / |
| 杠杆 | 现货或定期采购 | / | / | 现货或定期采购 |

1. 战略—核心

谈判双方面向未来，通过签署战略合作协议，建立战略合作伙伴关系。为实现这一目标，谈判双方对一些战术性因素如价格、付款周期等做适当让步，以便在宏观战略方面如产品开发的技术支持、信息资源的共享等，与对方达成一致。基于此，采购人员应抓大放小，着眼未来。

2. 战略—盘剥

从采购方的角度来看，产品/服务的采购金额大，供应风险大，是企业的核心业务，产品/服务如果断货或者质量不佳会给企业带来较大损失。但是从供应商角度来看，采购方的吸引力不足，只因采购方采购金额大才维持相关合作。基于此，作为采购人员，在谈判过程中，应反复、多维度地向供应商灌输采购方的发展计划，且辅助以采购方的社会影响力（采购方的产品销往多个国家、产品在行业内的占有率等），提升采购方的吸引力，使双方能够朝向战略—核心合作态势转化，描绘蓝图，提升吸引力。

3. 瓶颈—发展

谈判双方处于瓶颈—发展合作态势中，采购方急于突破瓶颈，让企业更好地发展；而供应商处于“利基”市场，欲尽快为产品或者服务打开市场，增加销售额，拓宽销售渠道。基于此，谈判双方都很重视对方，只是受限于现有的采购金额，合作规模难以扩大。作为采购人员，其管理重点在于降低供应风险。考虑合作双方的强烈意愿，采购方应趁热打铁，尽早签订长期合同，锁定产品/服务的供应量及价格。

4. 瓶颈—维持

谈判双方处于瓶颈—维持合作态势，对于采购方来说，采购金额小，但供应风险高，甚至比瓶颈—发展合作态势中的影响更大，一旦处理不当，就会给企业带来致命的危机。从供应商角度来看，双方的合作既无吸引力，也无多少价值，一旦企业内外部出现任何问题，就有可能迅速放弃合作。因此，作为采购人员，要从内、外两个方面管理管控风险。对内要督促企业的技术部门对产品/服务进行更新，替换。在合作过程中，可以年项目产品生命周期的采购量进行谈判；另外，可对商务条款如付款周期等适当放宽，以提高采购的吸引力，使双方能够以“瓶颈—发展”态势进行合作，并签订长期合作合同。

5. 一般—发展

对于采购方来说，这个组合采购金额小，供应风险低，供应商很看重双方的合作。因此，采购人员在合作过程中，可以重点关注采购成本，多采用反向竞价、多轮招标的方法，在保证质量的基础上，尽量压低采购成本。与此同时，在商务条款方面，采购人员也可以争取延长账期、供应商管理库存等条件，使企业的利益最大化。

6. 一般—维持

采购双方都不是很重视一般—维持这个组合，是否合作都可以。采购人员不需要特殊管理，相关部门有采购需求，进行现货采购即可。唯一需要采购人员重视的点在于平时要积累这方面的供应商资源，避免因为货源紧缺，落入“瓶颈—维持”组合。

7. 杠杆—核心

对于采购方来说，杠杆—核心组合采购金额大，供应风险低。对于供应商来说，不仅采购金额大，而且很看重与采购方的合作。因此，采购人员要尽量采用现货采购或者定期采购的方式，人为地增加采购频次。在每一次谈判过程中尽量争取好的价格和相应的优惠条件，如付款条件、相应的返点、商业折扣等，从而降低采购成本。

8. 杠杆—盘剥

采购双方都不是很重视杠杆—盘剥组合，只是因为采购金额大，双方才建立合作关系。采购方想多家比价、议价，价低者得；供应商想带来丰厚的营收和利润。因此，作为采购人员，没有必要将过多的精力投入其中。只需要按照生产计划和库存计划，现货采购或定期采购就可以，确保采购成本低廉是第一位的。

谈判策略的确定，为后续的谈判奠定了基调。但在使用过程中，还需要重视模型纵轴量化的问题，为纵轴制定出相应的评分项、评分标准以及权重，这样纵轴才能摆脱人为因素，更加准确。

## 四、供应商的谈判风格及应对策略

谈判本质上是谈判双方的博弈。因此，在谈判准备阶段，收集与分析供应商谈判代表信息的重要性远大于对供应商信息的收集。为此，要深入分析供应商谈判代表的性格特点，充分了解其谈判风格，并做好应对准备，以便取得既定的谈判效果。

罗杰·道森（Roger Dawson）在《优势谈判》一书中，以“感性—理性”和“武断—包容”两个维度为标准，对谈判人员进行衡量。其中，理性，指冷静，处理问题就事论事；感性，指冲动，处理问题因人而异。武断，指主观意识很强，处理问题斩钉截铁；包容，指尊重别人的意见，处理问题集思广益。

依据“感性—理性”和“武断—包容”两个维度，可将谈判者划分为4种类型，如图2-4所示。

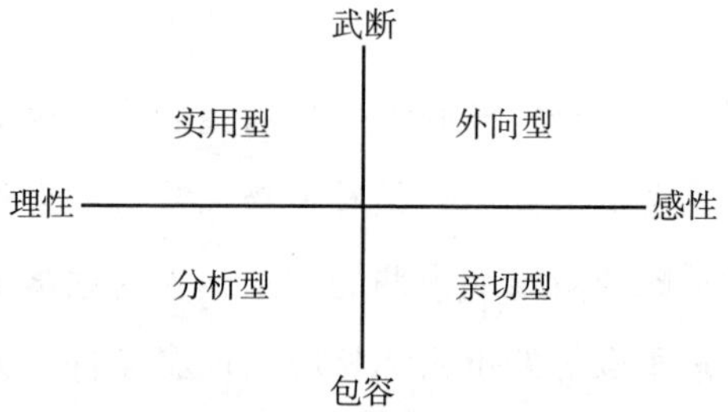


**图2-4 谈判者的类型**

1. 实用型：强硬的谈判者

（1）性格特点

一是天生的领导者，说一不二，不考虑其他人的想法，不喜欢民主讨论，容易使谈判变成“一言堂”。

二是有达成目标的强烈意愿，功利，付出一定要获得回报，且回报一定大于付出，处理问题时容易冲动。

三是果断但能推动项目进展，不能忍受无所事事。容易忽视谈判对手的心理承受能力，造成人际关系紧张。

（2）谈判策略

实用型谈判对手认为谈判一定要分出胜负，因而采购人员要做到“绵里藏针”，适当地做出让步，满足实用性谈判对手的虚荣心。难点在于如何把握好度，不能无底线，要吃透游戏规则，在对方最坚持的方面做适当让步，从而促使对方放弃其他条件。

2. 外向型：开放的谈判者

（1）性格特点

一是外向型谈判者热情洋溢，认为谈判的目的不仅在于生意，更在于交朋友，爱好广泛，但过于自我。

二是凭感觉抉择，有实现目标的强烈愿望。但易忽视重要细节，影响项目的推进。

三是易接近，开诚布公。但不够稳重，想法和要求易发生变化。

（2）谈判策略

在与外向型谈判者谈判时，一定要善于为其描绘合作的美好景象，激发其兴趣。外向型谈判者往往会根据对项目的兴奋程度做出决策。对于双方已经确认的合作条件，要尽快形成会议记录，并让谈判对方书面确认。

3. 亲切型：友好的谈判者

（1）性格特点

一是亲切型谈判者试图创造出一团和气的谈判氛围，收获皆大欢喜的谈判结果。但由于其性格过于随和，容易被谈判对手左右。

二是亲切型谈判者时间观念不强，能主动配合别人。因而与亲切型谈判者谈判时，双方的节奏特别切合，让参加谈判的人非常舒服。但亲切型谈判者常常因为考虑别人而把自己的工作搞得一团糟，在关键节点上容易出现延误，从而影响项目的整体进度。

三是亲切型谈判者不善于向他人说“不”，不会拒绝他人的要求，所以谈判进度推进十分迅速，但易在原则问题上做出让步，给企业带来损失。

（2）谈判策略

在与亲切型谈判者谈判时，不能急于求成，要尽力取得对方的信任。在做决策时，不要向其施加太大的压力，只需给其足够的时间考虑。在正式谈判时，要向亲切型谈判者反复强调合作是长期的，合作会给双方带来巨大收益。

#### 4. 分析型：理性的谈判者

（1）性格特点

一是对于以理服人的分析型谈判者来说，不仅要“知其然”，更要“知其所以然”。分析型谈判者进行谈判不仅是为了解决问题，更是为了深入探讨项目，分析型谈判者具有“打破砂锅问到底”的精神。但是分析型谈判者过于沉溺谈判中的细节问题，不能总揽全局。

二是分析型谈判者极端好奇，喜欢分析，过度依靠事例和数据分析。虽然分析型谈判者的事例、数据分析结果详尽而客观，但是易使项目丧失创造性。

三是分析型谈判者原则性强，深思熟虑，不带任何情绪，但往往会导致项目进度延误。

（2）谈判策略

在与分析型谈判者谈判时，首先，对其给予充分的尊重，可在谈判开始之前请其提供谈判要解决的问题清单及双方的诉求要点；其次，在谈判过程中，要仔细倾听分析型谈判者提出的问题并进行评价，但不要陷入其逻辑思维，要用事实和数据图表来支持自己的论述；最后，经过谈判每解决一个问题，都要及时总结，并让分析型谈判者确认。

供应商谈判人员风格异同见表 2-3。

**表 2-3 供应商谈判人员风格异同**

| 项目 | 实用型 | 外向型 | 亲切型 | 分析型 |
| --- | --- | --- | --- | --- |
| 谈判风格 | 拳手 | 大妈 | 老好人 | 老学究 |
| 谈判方式 | 以力服人 | 以德服人 | 以情服人 | 以理服人 |
| 谈判关系 | 威胁 | 热情 | 融洽 | 忽略 |
| 谈判态度 | 严厉 | 活跃 | 软弱 | 漠视 |
| 谈判特点 | 你死我活 | 兄弟齐心 | 其乐融融 | 数据说话 |
| 谈判弱点 | 喜欢钻牛角尖 | 常常忽略别人 | 容易被左右 | 缺乏创造性 |

示例：

R 公司计划采购一批零配件，账期为 45 天，供应商 A 报价 110. 63 元/个，具体价格构成如表 2-4 所示。

**表 2-4 供应商 A 的报价** 单位：元/个

| 费用 | 供应商 A |
| --- | --- |
| 原材料 | 60. 00 |
| 人工费 | 20. 00 |
| 损耗 | 4. 00 |
| 包装费 | 2. 40 |
| 运输费 | 2. 40 |
| 管理费 | 4. 44 |
| 利润 | 4. 66 |
| 13%增值税 | 12. 73 |
| 含税单价 | 110. 63 |

经过前期的市场调研，R 公司希望将配件的单价控制在 110. 00 元以内。为此，对对方的谈判人员谈判风格进行分析，具体如表 2-5 所示。

表 2-5 对方谈判人员的谈判风格分析

| 供应商谈判风格 | 采购谈判策略 | 策略分析 |
| --- | --- | --- |
| 实用型 | 单价我就不要求降了，您看给我们的账期是 60 天还是 90 天呢 | 适当让步，坚持底线 |
| 外向型 | 这个项目还得仰仗您，虽然项目总金额不大，但该项目的发展前景很好，不过单价需降到 110.00 元以内 | 让对方觉得有光明的合作前景，但眼前需要供应商做出让步 |
| 亲切型 | 大家都不容易，如单价降不到 110.00 元以内，我不好向领导交代，所有人的努力都白费了 | 在博得供应商同情的同时，扩大事态影响范围，让供应商做出让步 |
| 分析型 | 您看零件原材料近 15 天的市场价格，处于下行趋势，成本已经下降了 8%，即便单价降到 110.00 元以内，利润空间还是很大的 | 基于数据分析，指出仍有降价的空间 |

进行谈判对手性格分析，须建立在大数据、定性分析基础上。在现实生活中，不存在绝对为某种性格的人。所以，采购人员在运用谈判策略时，切不可照本宣科，应该灵活运用，只有这样才能取得更好的谈判效果。

此外，作为谈判对手，供应商的销售与采购人员相比，在两个方面存在天然劣势。

一是企业的销售人员一般按月销售业绩考核，而采购人员往往按年度进行考核。

二是信息时代，社会生产得到了极大发展，普遍进入买方市场。在谈判过程中，销售方处于不利位置。同时，采购人员在协助产品/服务的使用部门梳理项目脉络过程中，通过寻源确认潜在供应商，并主持招标和谈判活动，积累了行业、产品以及价格方面的大量信息。但作为竞争对手的各供应商销售人员，为了确保利益，封闭信息，且销售人员在承受绩效考核内部压力的同时，还承受着同行之间“囚徒困境”的外部压力。为了确保销售任务的顺利完成，销售人员只得选择与采购人员合作，接受采购人员的要求。

## 第三节 采购谈判六大战术之画饼策略

画饼策略是一种基于杠杆原理的谈判策略，是指在谈判过程中以谈判对手关注的点（如较大的利润空间、较高的市场知名度、长期合作等）来引导其思维模式，增加杠杆力矩，人为加大对方的焦虑感，使己方在谈判中处于有利位置，收获更大的利益。

对谈判结果影响最大的因素是谈判者。谈判者相信的内容如同杠杆的支点，在谈判过程中只有尽早明确杠杆的支点，并增加力矩，画饼策略才能发挥更大的威力。电视剧《大宅门》中有一个片段，很好地诠释了画饼策略的精髓。

白景琦第一次去安国办药，涂二爷逛遍了市面上的黄连摊位，并在一个铺面高价采购了一批黄连。之后全安国的药贩子都拼了命地囤货，结果百草厅一行人最终以远低于常规价格完成了采购任务，让药贩们哑巴吃黄连，有口说不出。

在整个采购过程中，京城百草厅以其行业地位凸显了黄连这笔生意所蕴含的利益，这就是这笔生意的支点；而白景琦少东家的身份、涂二爷逛遍市面上黄连摊位并高价采购黄连的行为，让这个支点更加诱人，三力合一增大了力矩。实际上，白景琦一行人自始至终没有说过要大量采购黄连，但是药贩子在支点的作用下，经过人为想象扩大了影响，并通过自我暗示更加确信事情的真实性，从而导致了最终的局面。

虽然艺术来源于生活，却不如真实案例更能体现画饼策略在谈判中的巨大作用。

示例：1998 年成立于滨城的 M 公司，专注于高端食用油的研发与生产。为了提高生产能力，M 公司准备引进一条全自动油品灌装线。采购人员接到这个采购项目后，第一时间展开了一系列寻源工作，并最终确认芬兰的 B 公司产品最符合该项目的需求。在后续谈判过程中，B 公司销售代表反复向 M 公司强调，B 公司产品具有世界领先水平，并报价 200 万元人民币；考虑到是第一次合作，可以免费赠送价值20万元人民币的配件，总价折算下来为180万元人民币，已经是非常优惠的条件了。M公司采购人员通过市场调研已知，国内进口同类设备，最高不过180万元人民币，低的只有140万元人民币，对方要价过高。为此，M公司采购人员以同行业进口类似设备案例为基础，据理力争，要求B公司给出合理的报价。

B公司销售代表意识到M公司采购人员对市场行情相当了解，只能将报价细化成详细清单，并于次日报出总价140万元人民币的报价。经过几轮谈判，M公司采购人员将总价压到135万元人民币，直至130万元人民币。至此，B公司销售代表表示价格已达底线，无法再降。随后，双方又展开了多次谈判，但并没有取得实质性进展。在最后一次谈判过程中，B公司销售代表愤怒地说道："我们多次请示董事会，4次让利，比原价已经下降了30%，可以说是仁至义尽，你们还是不满意，简直是毫无诚意！"M公司采购人员也毫不示弱地起身说道："此次谈判，我们不单单是购买一条生产线，还是为公司购买一条产业转型和快速发展的通道，是要和贵公司建立战略合作伙伴关系。如果可以成功合作，贵公司不仅仅获得了我们的订单，还可以以此为契机，打开中国同行业市场。到那时，贵公司获得的就是千万元甚至上亿元的销售额度了。但既然贵公司不同意，那么这次合作就这样吧！"说着M公司采购人员把相关文件装入档案袋，起身准备离开。巧合的是，B公司在亚洲市场的竞争对手D公司的产品介绍从M公司采购人员文件档案袋滑落到桌面上。M公司的采购人员尴尬地笑了笑，摊手向对方解释："不好意思，领导要求我们全面了解市场情况，我只是随便看看，我相信贵公司一定会给出令我们满意的报价。"B公司销售代表这时只能满脸堆笑地说道："那什么价格，贵公司才满意？""那就看贵公司的诚意了！"采购人员神秘地一笑，说完拿起已经收拾好的资料，准备离开。B公司销售代表急忙拉住M公司采购人员，说道："我的权限只有这么多，请允许我再请示董事会，再行磋商。"

最终，双方以128万元人民币达成一致，M公司采购人员成功运用了画饼策略，取得了不错的效果。M公司采购人员以双方的合作前景及其中蕴含的巨大利益，形成对B公司的支点。其故意引入竞争对手D以及似是而非的态度，更是加剧了 B 公司销售代表的焦虑感。在二者共同作用下，画饼策略发挥了巨大的威力。

## 第四节　采购谈判六大战术之让步策略

凡事皆不可极端，当留有余地。在谈判过程中，谈判的一方过于考虑自身利益，丝毫不顾及对方感受，谈判必然会因为双方的分歧过大而失败。以退为进的让步策略，是有效避免因双方分歧过大使谈判陷入僵局的好方法。

让步策略是指在谈判过程中，当谈判双方针对某一问题争执不下时，一方为了促成合作而放弃部分利益的谈判策略。在谈判过程中，“互惠原理”屡试不爽。但让步不能没有原则和底线，谈判人员要灵活掌握其中的章法和技巧，要预防谈判对手利用其中的漏洞，致使无法达成谈判设定的目标。

### 一、不首先让步

虽然说谈判是双方利益的交换，相互让步以达成一致的过程，但是谁先让步，对其后续的利益争取影响就大。让我们看一看让步造成的影响。

1. 供应商先让步

供应商为了促成双方的合作，在谈判之前，往往提前设计好让步策略，看似惊天动地，实际上不会“伤筋动骨”。供应商先进行让步，一方面，不会对其利益构成多大的影响；另一方面，可以让谈判有一个相对平稳的节奏，双方不容易“谈崩”。

2. 采购方先让步

采购方先让步易使供应商变得更强硬，甚至会触碰采购方的底线；反过来，采购人员若掌握的有效信息不如供应商，提出供应商难以接受的条件，触碰到供应商的底线，谈判也易陷入僵局。

## 二、让步的代价

天下没有免费的午餐，采购人员在谈判过程中做出让步，是以小的代价换取更大的利益。为此，采购人员在使用让步策略之前，首先，要审视谈判目标，明确哪些是可以让步的、哪些是不可以让步的，以免在谈判过程中做出“捡了芝麻，丢了西瓜”的事情；其次，在谈判过程中，要始终向对方灌输，采购方的每一次让步，必须得到相应的补偿；最后，在沟通过程中，采购人员要多使用假设句式，如“如果贵单位再降价 5%，我们可以立即签署合同”。

在谈判过程中，基于外部竞争环境和内部业绩指标的双重压力，较之采购方，供应商往往处于劣势地位。因此，采购人员往往会面临供应商先让步的情况。对此，采购人员该如何应对？

1. 不接受供应商的让步

有经验的销售代表很清楚，采购人员一定会极力争取最有利的谈判结果，如更低的价格、更长的账期等。为此，供应商一般会在第一次报价中适度掺“水分”，供采购人员议价。如果采购人员不了解这一“套路”，就会很容易陷入供应商销售代表的让步“策略”中。采购人员轻易步入供应商的让步策略，一方面，会让供应商销售代表感觉远没到采购方的底线，可能会在之后的谈判中增加难度；另一方面，会让供应商对采购人员的业务能力产生怀疑，进而不尊重采购人员提出的相关意见，不利于双方达成协议。

2. 对供应商的每一次让步进行记录

虽然谈判进程中充满变数，但有一点是肯定的：为争取更大的利益，对方会选择快速忘记你所做的让步。有经验的谈判者都明白，做任何让步，都需要对方给予相应的回报，并且要落实到纸面上。这样做的目的在于避免让步贬值，同时可防止供应商反复以同一回报应对采购方的让步。

下面以中秋节采购月饼为例，来说明让步策略的具体运用。

示例：中秋节之前，W 公司为增加市场影响力，准备采购一批品牌月饼作为礼品回馈新老客户，经过采购人员的前期市场调研和咨询，了解到 D 品牌月饼中秋节销售政策，如表 2-6 所示。

**表 2-6 D 品牌月饼中秋节销售政策**

| | | |
|---|---|---|
| 单价 | 单次采购金额<1 万元人民币 | 8.0 折 |
| | 1 万元人民币≤单次采购金额<2 万元人民币 | 7.5 折 |
| | 2 万元人民币≤单次采购金额<5 万元人民币 | 7.0 折 |
| | 5 万元人民币≤单次采购金额 | 6.5 折 |
| 账期 | 收到款项后再发货 | |
| 采购形式 | 签订合同，不接受订单 | |

根据 W 公司现行的财务制度，采购月饼费用由各分公司或者网点单独付款结算，除了一线城市之外，单笔订单采购量很难超过 5 万元人民币。由于 W 公司所处行业的特殊性，对合同的风险管控很严格，合同签署周期至少需要 50 个工作日，账期为收到发票后 45 天付款。针对上述情况，在进行第二轮谈判前，W 公司的采购人员结合 W 公司的具体情况，对上述三项要求按照重要性进行排序，形成谈判利益次序，见表 2-7。

**表 2-7 W 公司财务制度对采购单价、采购形式和账期三项要求的重要性排序**

| 重要性排序 | 名称 | 原因 |
|---|---|---|
| 1 | 采购单价 | 虽然大部分分公司或者网点的采购金额不大于 5 万元人民币，但整个公司的采购金额已经远远高于这个标准，如果不能享受 6.5 折优惠，成本方面，公司损失太大 |
| 2 | 采购形式 | 因为中秋节时间相对固定，围绕它进行的营销活动时间相对也会固定，如果不能采取订单形式采购，必然会影响各个分公司和网点的市场推广效果 |
| 3 | 账期 | 现款现货虽然比 45 天的账期会损失一定的利息，但是如果单价谈判可以成功，相关折扣可以弥补利息的损失 |

在之后的谈判中，W 公司的采购人员拿出 W 公司的采购计划，向供应商表明 W 公司的采购金额已远远超过 5 万元人民币标准，只是因为 W 公司在结算方面的要求使得 W 公司的分公司和网点无法集中采购，希望供应商可以理解。供应商为争取这份订单，做出了第一次让步，表示可以按 6.5 折为 W 公司的各分公司和网点提供月饼，但希望 W 公司可以配合签署合同。这时，W 公司的采购人员向供应商耐心细致地说明了合同签署所费

时间较长的原因，并提出可以由W公司总部出面签署一份框架合同，W公司的分公司或网点采购活动在框架合同项下以订单形式完成。供应商当即表示，如果W公司同意所有采购订单先付款后提货，就可以采用采购的形式。最后，W公司做出让步，以重要性最低的账期交换采购形式，达成满足采购单价和采购方式这两个最重要的谈判目标。可以说，让步策略在整个谈判过程中起到了关键性作用。

这就是让步策略的精妙之处，在谈判过程中以退为进，将心理学运用于谈判实践中。

## 第五节　采购谈判六大战术之时间策略

时间策略是指在谈判过程中，基于时机把握、适当延迟决策、延缓谈判进程甚至威逼等方式获得谈判的主动权。这一策略屡见奇效的原因在于谈判双方对谈判时效性的要求不同。在谈判过程中，对于谈判结果更加迫切的一方，为迎合谈判对手，往往会主动让步，使双方达成一致而放弃某些利益。因而，有经验的谈判者，会在谈判过程中人为干预谈判进程，使之停顿、减缓和加速，以加剧谈判对手的焦虑。一般情况下，谈判者可以采用如下方式。

### 一、寻找时机

机不可失，时不再来。对于采购人员而言，选择适当的时机尤为重要。我们以苹果的销售为例，如图2-5所示。

由图2-5可知，每年12月至次年2月春节前后，受节假日市场供求关系的影响，苹果价格会有小幅上扬，之后逐渐下降，3月处于价格谷底；4月后，苹果价格又会逐渐上升，8—9月达到最高点，10—11月随着新苹果的大量上市苹果价格再次下降。如果在8—9月采购苹果，那么即使采购人员的能力再强，也很难拿到3月的采购低价。

图 2–5 2020 年苹果的期货价格走势

## 二、决策拖延

拖延是为了打乱对方的节奏、削弱其实力，变被动为主动的有效手段。决策拖延策略常被采购人员运用于索赔谈判中。通常情况下，供应商在收到采购方的索赔要求后，往往会尽力推卸相关责任。为消磨供应商的意志，攻击其心理防线，采购人员可有意拖延谈判进程，加剧供应商的焦虑，在气势上占得优势。

## 三、延缓谈判进程

谁都难以保证在谈判中不受情绪的影响，尤其是当谈判因为分歧而无法达成一致的时候，谈判双方难免会沉浸于沮丧、无助甚至愤怒的不良情绪中。如果谈判人员被这些不良情绪所影响，就会致使谈判偏离初衷，陷入为了战胜对手的陷阱之中。这时，暂时中止谈判，可以有效缓冲双方的矛盾或紧张情绪，改善谈判氛围，还可以让谈判双方重新思考谈判方法与策略，为谈判成功奠定基础。

## 四、威逼

威逼是通过划定最后期限，向对方施加压力或打乱其部署，为自身争取谈判主动权的一种方式。因“威逼”具有一定的威胁性，使用时必须把握好“度”，控制好口吻与语气；同时，应留有一定的余地，以免对方不予理会，反而陷入被动。

时间策略在谈判过程中常能发挥意想不到的作用，采购人员可按以下方法用好这一策略。

1. 严格保密谈判计划

谈判伊始，如果采购人员不注意保密，让供应商获悉其时间安排，供应商则有机会运用时间策略，拖延谈判进程，进而取得谈判的主动权。

2. 制定谈判议程

谈判议程决定了不同谈判议题的顺序和时间，控制谈判议程，是争取谈判主动权的一项重要措施。通过议程安排，不仅可以使谈判紧凑有序，紧扣主题，还可以避免谈判变得冗长乏味，偏离主题而陷入枝节的纠缠。通过谈判议程的制定，对谈判者的精力、心理、意志产生影响，有利于争取于己有利的谈判结果，至少可以避免损失。

3. 及时确认谈判成果

对于达成一致的合作意向，采购人员应及时主动地进行总结，形成书面谈判备忘录，经双方签字确认。如此，可避免谈判双方对已经达成一致的议题反复纠缠，导致决策拖延。另外，通过梳理谈判成果，可总揽谈判进展。依据谈判议程及进展，合理安排休会时间，可使整个谈判张弛有度，有利于双方更快地达成一致。

## 第六节　采购谈判六大战术之“黑白脸”策略

“黑白脸”策略是指在谈判过程中，先由立场强硬“唱黑脸”的谈判代表登场。由于其立场坚定，对双方存有的分歧寸步不让，因而易让谈判对手产生反感。当谈判陷入僵局时，再由立场温和的“唱白脸”谈判代表出面，利用其善解人意，体谅各自的难处，通过放弃某些苛刻的条件与要求，来弥合谈判双方的分歧。“黑白脸”策略基于心理学中的“锚定效应”（人们在做决定或做判断前，容易受到之前的信息影响，并以该信息为基准，在一定范围内做出判断，但这样的判断方式往往会造成决策偏差）发展而来，在谈判过程中，“唱黑脸”人员以其一系列让人难以接受的行为，人为降低谈判对手对谈判结果的心理预期；而“唱白脸”人员通过一系列让步行为，让谈判对手产生最终谈判结果好于之前的心理预期，从而顺利促成合作。

在使用“黑白脸”策略时，需要关注如下两点。

### 一、“黑脸”的选择要适当

谈判中的“黑脸”既可以是具体的人，也可以是企业的某种政策。尽量模糊“黑脸”的具体身份，往往会取得更好的效果。这样做，一是避免尴尬；二是政策规定往往比人为规定更具有权威性，易让谈判对手产生无助的感觉。

### 二、“白脸”给予的让步力度要大

“打一巴掌，给一个甜枣。”“黑脸”的一“巴掌”已经够疼了，如果“白脸”的“枣”不够甜，就会很容易伤及谈判对手的感情和诚意，从而放弃谈判。若形成这样的局面，就违背谈判双方的本意了，得不偿失。

当然，策略是一把双刃剑，好的谈判策略既可以使采购方获得更大的利益；反过来，若供应商策略使用得当，采购方也会蒙受损失。当供应商使用“黑白脸”策略时，采购方该如何破局？行之有效的方法是以彼之道还之彼身。

以下通过一个真实的采购案例，来体验一下“黑白脸”策略在谈判中的作用。

示例：位于滨城的A公司，主要经营户外用栅栏及其配套产品，并出口至北美地区。作为A公司最大的客户，位于美国佛罗里达州的W公司（该州行业龙头企业，全美行业第二大企业），每年采购额约占A公司出口总额的90%以上。随着中美贸易环境的恶化以及受新冠肺炎疫情的影响，W公司希望A公司可以拓展业务范围，提供质优价廉的焊条，以满足其后续加工的需要。A公司采购人员经过前期的市场调研及现场考察，决定向河北的J厂采购，预计年采购量300吨，前期先行采购100吨。

但在前期试单过程中，受疫情影响，J厂的生产极不稳定，多次延期交货，致使A公司的出货日期多次更改，海运费用方面遭受了不小损失。但考虑到该产品价格远低于美国当地的同类产品，W公司对其品质也较满意，所以A公司并没有向J厂索赔。随着贸易环境的改善，以及国内生产能力的逐步恢复，W公司对于焊条的需求量逐步增加，预计年采购量在原有的基础上增加至每年400吨。与此同时，国内有多家同类型供应商多番联系A公司，寻求合作机会。在这种情况下，A公司瞄准商机，准备同W公司洽谈增订产品的事宜。

为了提高项目的盈利水平，A公司打算向J厂提出降价10%的要求。同时，A公司意识到，如果谈判一开始就提出这一要求，对方一定难以接受。于是，A公司的采购人员设计了一套周密的谈判方案。谈判伊始，采购人员就试单过程中的延期交付大做文章，说道：“由于贵单位的上次延期交货，W公司对此很不满意，甚至准备取消焊条产品的采购。对此，公司领导很重视，要求我们采购部尽快解决相关问题，以确保W公司的订单。”说完，采购人员拿出W公司的警告函及A公司领导与A公司采购人员交流邮件打印件。J厂代表见状，连忙对延期交货问题给予解释，并诚挚表达了歉意。眼看时机成熟，A公司采购人员表示：“疫情期间，大家都不容易，我会尽力向W公司和领导解释你方延误交货的原因，但我们希望贵厂可以降价15%以弥补上次延期交易所造成的损失。”J厂代表表示降价幅度过大，希望A公司可以降低要求。对此，参与谈判的A公司财务人员拿出财务部门出具的延期出货所导致的损失明细，通过计算，15%的降价刚好可以弥补之前的损失。这时，A公司的采购人员表示：“考虑实际情况，降价15%确实有一些难度，你们可以自行核算一下，给一个合理的赔偿方案。我们也会与W公司进行协商，在这个特殊时期，大家要相互扶持，尽量多出订单，这样也能减少你们的损失。”此后，又经过几轮谈判，J厂给出降价12%的赔偿方案，A公司增加了100吨的采购需求，双方重新签订了合同，谈判成功结束。

在整个谈判过程中，A公司的采购人员先后两次成功运用了“黑白脸”策略。先是以W公司的警告函和本公司领导要求更换供应商的沟通邮件，让J厂代表感受到失去客户的危机；随后A公司的采购人员，进行言语安抚，表示能够体谅J厂交货不稳定的难处，会向W公司和A公司领导进行解释，消除不良影响。A公司的采购人员在充当“白脸”时，乘机提出降价要求。因为有之前的铺垫，降价要求自然得到了供应商的回应（成功地将矛盾焦点由是否降价转移到降价多少）。在面对降价幅度分歧时，A公司的财务人员充当了“黑脸”角色，通过计算，说明降价15%这一要求的合理性。这时A公司的采购人员第二次又适时地充当了“白脸”角色，使索赔金额从J厂降价15%调整为降价12%、A公司的采购量从300吨增加到400吨，通过其“努力”，降价这件事情就显得不那么让人难以接受了。

## 第七节　采购谈判六大战术之诉诸更高权威

刚参加工作时，笔者经常观摩采购部与供应商的谈判，对以下两个场景印象尤其深刻。

**场景一**

销售人员：贵公司所需的这个零件，我们现阶段的报价是100.00元/

个，含税不含运费，希望贵公司考虑一下。

采购人员：感谢您的反馈，但你们的报价不包含运费，已经超出我公司的预算，所以我需要向公司领导请示一下。

**场景二**

销售人员：对于贵公司所需的这套船舶动力系统，我们可以接受贵公司的价格要求，但是账期是否由90天调整为30天？

采购人员：账期由财务部门决定，等我请示一下再给您答复。

面对这样的场景，笔者当时难免有这样的疑惑：底价与账期，采购部不是在谈判之前就该确定好了吗，何至于到最后才“临门一脚”确认？后来笔者才逐渐明白，这是采购人员为了争取谈判的主动权而采用的一种策略——诉诸更高权威。

在谈判过程中，采购人员若向供应商表示其对采购项目拥有最后决定权，则会将自己置于十分不利的位置。供应商谈判代表会不断暗示自己，只要说服采购人员，就能成功拿下采购项目。为此，在谈判过程中，一旦供应商发现其筹码已达采购人员的预期，就不会再让步。但如果采购人员能让供应商确信采购人员对采购项目没有最终决定权，供应商就会付出更大的努力去打动采购人员。因为供应商知道，必须提供更高的筹码，不仅要说服具体实施的采购人员，还要说服采购人员背后更高的权威。

要让诉诸更高权威策略在谈判中最大限度地发挥作用，采购人员诉诸的权威应该是一个模糊实体，如××项目筹划委员会或者董事会等。这样做，主要有以下两个好处。

## 一、避免削弱采购人员在谈判中的影响力

如果采购人员直接告诉供应商采购价格需要请示采购部的李××及其联系方式，这就相当于告诉供应商，他们没有必要在采购人员身上花费精力。但是若采购人员告诉供应商需要请示采购部领导，那么供应商在对对方采购部门的人员构成不是很清楚的情况下，自然会十分重视采购人员，这为后续的谈判奠定了良好基础。

## 二、避免弄巧成拙

如果这个更高权威为某一个人，易使采购人员陷入尴尬境地。例如，当谈判双方对账期有分歧时，采购人员表示需要请示公司的王会计。这时若供应商询问王会计的办公地址和联系方式，采购人员就会处于一个给与不给的窘迫境况。若王会计的答复与采购人员的说辞一致还好；如果不一致，则必然影响到采购人员在供应商代表心中的诚信，为后续的谈判制造困难。如果不给，那么谈判就会进入一个死胡同，无法进行下去。但采购人员表示需要公司财务委员会讨论通过，情况就大不相同，因为没有具体到某个人，所以供应商无法联系和跟进。

以下以一个真实案例来说明，在实际谈判中，采购人员应如何运用诉诸更高权威这一策略，以取得满意的效果。

示例：1998 年成立于滨城的 M 公司，专注于高端食用油的研发与生产，业务涵盖大宗货物出口、OEM 贴牌加工及自有品牌的终端销售，其中自有品牌的终端销售约占 M 公司整体业务收入的 60%以上。由于高端食用油具有光解性（遇强光，食用油易发生变质）和渗透性（瓶口与瓶盖结合处易发生渗漏），需用棕色瓶子及配套瓶盖包装，采购棕色瓶子及配套瓶盖是 M 公司采购部门的一项重要任务。M 公司采购人员经过前期的市场调研，发现山东省的一家大型上市包装品公司 Y，其业务范围和产品质量都符合 M 公司的要求，但最大问题在于 Y 公司的产品价格偏高、供货周期较长。在早期接触过程中，M 公司采购人员曾经多次向 Y 公司反映这个情况，但是收效甚微。

在试单过程中，由于 Y 公司包装车间操作人员的疏忽，造成 10 多万个棕色瓶子受到污染。好在 M 公司装配有包装瓶全自动清洗线，只是交货日期延迟了几天，并没有造成太大的经济损失。但是不知其中内情的 Y 公司为了使上市公司的商誉不受影响，第一时间主动与 M 公司取得联系，商讨如何解决这一问题。M 公司采购人员决定借题发挥，解决价格和交货期的问题。

谈判一开始，M公司声称由于Y公司的失误，给M公司造成了巨大损失，为此要诉诸法律渠道，并于M公司公众号上披露。自知理亏的Y公司提出解决方案，愿意免除本次货款的50%，约5万余元，以补偿Y公司的损失。M公司采购人员乘胜追击，向Y公司谈判代表提供了人工清洗瓶子的预估费用及受影响项目的损失明细，总金额远大于10多万个瓶子的价值。经过一番考虑，Y公司谈判代表提出了第二个解决方案，Y公司免收全部货款，10万余元。对此，M公司的采购人员开始使用诉诸更高权威这一策略，声称这么大问题，其本人无权决定，需要向公司董事会报备。几天之后，M公司采购人员告知Y公司，M公司董事会非常满意Y公司的诚意，决定接受其歉意，但10万余元的赔偿远远不能弥补M公司的损失，希望Y公司可以降低产品的单价，通过双方之后的合作来弥补此次M公司遭受的损失，并提出降价方案，如表2-8所示。

**表2-8　M公司第一次提出的降价方案**

| 产品名称 | 之前合同价格 | M公司第一次提出的调整价格 |
|---|---|---|
| 棕色瓶子 | 2.02 | 1.90 |
| 瓶盖 | 0.35 | 0.30 |

对此，Y公司代表当即表示如此幅度的降价，他们难以接受。基于这种情况，M公司的采购人员再次使用诉诸更高权威这一策略，表示会向董事会尽力争取。最终M公司给出如表2-9所示的解决方案。

**表2-9　M公司提出的最终降价方案**　　单位：元

| 产品名称 | 之前合同价格 | M公司第一次提出的调整价格 | M公司第二次提出的调整价格 | 备注 |
|---|---|---|---|---|
| 棕色瓶子 | 2.02 | 1.90 | 1.92 | 供货方式由Y公司直接供货调整为Y公司辽宁总代理供货（发货地点由山东调整为辽宁）；如果辽宁总代理的价格高于双方约定的价格，差价由Y公司承担 |
| 瓶盖 | 0.35 | 0.30 | 0.33 | |

由于这一提议让Y公司的损失有所减少，Y公司代表当即表示同意。

经过一番努力，M 公司不仅维护了与 Y 公司的合作关系，还保证了 M 公司主要原材料供应的安全，更重要的是降低了产品采购价格、缩短了产品采购周期。

## 第八节 采购谈判六大战术之蚕食战术

公元前 238 年，秦王嬴政铲除吕不韦与嫪毐，着手亲征。在大臣李斯等人的协助下，制定了“天下一统”的 20 字策略：笼络燕齐，稳住魏楚，消灭韩赵；远交近攻，逐个击破。《战国策·赵策一》以“秦蚕食韩氏之地”生动贴切地描述了这段历史。养过蚕的人都知道，蚕吃东西的速度虽慢，且每口进食的分量也少，但不需多长时间，一片桑叶就被吃得干干净净。有经验的谈判者将秦灭六国的“蚕食策略”运用到谈判上，发现它的作用力巨大。

蚕食策略是一种以小积大、步步进逼，逐渐达到预期效果的策略。在谈判中，当双方不能立刻达成协议，任何一方又不轻易做出让步，则是运用蚕食策略的现实条件。即便是谈判已经结束，合同签订完毕，也可以运用蚕食策略迫使供应商做一些小的让步。由于合作已经达成，供应商一般会从大局考虑，对采购人员的一些枝节要求也能给予满足。

随着市场竞争越发激烈，竞争性谈判无处不在。随着谈判的不断推进，每一个谈判者，尤其是销售人员，难免会经历“西西弗斯推巨石式的折磨”。当其用尽浑身解数，将巨石推至山顶（通过谈判达成预想的目标），终于长舒一口气，似乎所有的压力都在一瞬间得到了释放时，如果采购人员用微不足道的“要求”，意图将巨石重新推落山底时，那么销售人员自然会用尽一切方法来阻止这种情况发生，这就是蚕食策略屡屡成功的深层次原因。

因此，在运用蚕食策略时，采购人员需要重点关注以下两点。

### 一、时机

运用蚕食策略最好在谈判已进行一段时间，取得了一些实质性进展的情况下，即在合作即将达成的节点上。

## 二、分量

采购人员所提的要求一定是“微不足道”且“由小到大”。如果分量拿捏得不准确，很容易使供应商产生得不偿失的感觉。如此，他们宁可让“巨石”重新滚落到山脚下。

任何谈判策略都是一把双刃剑，蚕食策略也一样，谈判双方都可以使用。如果供应商使用这一战术，那么采购人员又该如何应对呢？

一是在谈判开始阶段，采购人员就要与供应商针对谈判内容与关键要点达成一致，形成谈判要点清单，在后续的谈判中，双方只需依据清单来逐步落实。采购人员要避免供应商针对同一个问题反复纠缠，不给其使用蚕食策略的机会。

二是在谈判进行阶段，采购人员不可投机取巧，面对难以解决的问题，不可随意承诺供应商：“这件事以后再说吧。”或者跳过这个问题。如此，只会给供应商增加筹码，让其具备使用蚕食策略的时机。

三是在谈判的最后阶段，当谈判双方即将达成一致时，采购人员应对所有细节问题进行总结回顾，并让供应商感觉这是一个双赢的结果。同时，谈判双方需通过书面形式确认谈判成果，让供应商彻底丧失运用蚕食策略的机会。

四是如果在谈判过程中，采购人员不小心中了对方的蚕食策略，不妨坦然接受让“巨石”重新回到山底的结果。毕竟与销售人员相比，采购人员的绩效考核压力要小得多；面对这种局面，销售人员会比采购人员更加焦虑。

下面这个案例可以让我们感受到蚕食策略在谈判中发挥的巨大作用。

示例：位于滨城的 R 公司，主要业务是将国内知名品牌的船舶动力系统（船用主机、齿轮箱、螺旋桨等）产品出口至南美洲多个国家。为了提升自身的服务水平，R 公司准备采购一台摇臂钻床，用于加强当地的船舶动力系统的维修能力。经过核算，如果钻床的出厂价大于 80000.00 元人民币，那么单次钻床的维修成本将高于南美市场当地的维修成本，R公司这一计划只能搁置。

R公司的采购人员在接到这个采购任务后，第一时间展开市场调研。经过一系列产品寻源、比价和谈判，采购人员确认云南省的E厂产品符合公司的需求。但是经过几轮谈判，E厂给出的最终报价88400.00元人民币，超过了R公司的预算。

R公司的采购人员并没有被动接受，而是瞅准时机在合同签订之前，向E公司全面介绍了R公司在南美洲的业务开展情况，重点说明了机床业务在南美洲广阔的发展前景。同时表示，E厂可以趁着这次契机，以这台钻床为样品，向当地客户展示其实力，R公司可以协助E厂办理工作签证及安排食宿等事宜。面对这一便利条件，E厂难以拒绝，经过研究表示会派出以业务副厂长为首的考察团，拓展南美洲市场的业务。

R公司采购人员趁热打铁向E厂提议，既然要派考察团，是否可以派出2名技术工程师随团出访：一方面可以从技术层面考察南美洲的商机；另一方面可以协助R公司安装和调试摇臂钻床，E厂表示可以接受。此时，R公司采购人员又提出，此次出口的集装箱还有空间，E厂既然派出了技术人员，不妨再带一些摇臂钻床的易损件。如果在南美洲有维修其他钻床的机会，也可以借此展示E厂的维修能力；即便没有机会，R公司也可以兜底采购，避免运费浪费。对于R公司的提议，E厂的谈判人员非常感谢，认为R公司采购人员设身处地为E厂着想，是优质的合作伙伴，当即表示可以准备单价3000.00元人民币的易损件。在签订合同阶段，R公司采购人员又表示由于R公司开户行系统的问题，无法结汇，导致R公司财务只能结汇85000.00元人民币。由于是第一次合作，考虑到E厂的实际困难，R公司从别的项目挪用了3000.00元资金，需要E厂抹掉货款零头。基于双方良好的谈判氛围，E厂谈判人员表示同意。

摇臂钻床到达南美洲之后，在E厂技术人员的协助下，成功安装；双方的市场联合营销推广活动也开展得十分成功。活动结束之后，对于剩下的价值近12000.00元人民币的易损件，E厂同意R公司以5折的优惠价购买。在整个活动结束之后，公司财务部门核算了该台钻床的实际成本，如

表2-10所示。

**表 2-10　摇臂钻床的实际成本**

| 名称 | 数量 | 单位 | 单价 | 总价 | 备注 |
|---|---|---|---|---|---|
| 摇臂钻床 | 1 | 台 | 88400.00 | 88400.00 | |
| 抹零 | 1 | 次 | 400.00 | -400.00 | |
| 南美当地安装费 | 4 | 工时 | 600.00 | -2400.00 | 南美当地安装费折算人民币大约为600.00元（100美元），需要2位工程师配合2个工时完成安装调试 |
| 易损件优惠 | 1 | 批 | 6000.00 | -6000.00 | |
| 实际摇臂钻床总价 | 79600.00 | | | | |

正是R公司的采购人员在谈判过程中抓住了时机，三次恰当运用了蚕食策略，不断提出“抹零”“安装服务”“优惠购买易损件”这些微不足道的小要求，积少成多，从而帮助R公司在预算内提升了服务水平。由此可见，蚕食策略是值得每一位采购人员细细揣摩，并运用到实际谈判中的重要策略。

## 第九节　收尾阶段的谈判要点及注意事项

俗话说得好，“编筐编篓重在收口”。在采购谈判的收尾阶段，经过双方的不懈努力，谈判即将达成一致。在这一特殊阶段，采购人员更需谨慎，以免前期的努力功亏一篑。在谈判收尾阶段，采购人员应重点处理好以下几个问题。

### 一、谈判进行不下去怎么办

面对谈判进行不下去的局面，采购人员要控制好情绪，根据之前收集的信息，具体问题具体分析，寻找谈判陷入这一局面的深层次原因。通常情况下，当谈判进行不下去时，谈判双方将面临如下三种境况。

1. 陷入僵局

表现的状态：谈判双方对一些问题争议较大，无法达成一致。

解决方法：本着求同存异，先易后难的原则进行解决，当简单的问题都解决之后，回头再看双方争议较大的问题，就有打破僵局的可能。

2. 陷入困局

表现的状态：谈判双方都在努力，但没有实质性进展。

解决方法：谈判陷入困局，在很大程度上并不是因为谈判双方存在实质性分歧，而是随着谈判的延续，谈判双方陷入了为了反对而反对的局面。这时候，谈判双方只要进行一些改变，如更改谈判时间、更改谈判地点、更改谈判代表等，谈判困局可能就会被打破。

3. 陷入死胡同

表现的状态：对于关键问题，始终无法达成一致，谈判可能失败。

解决方法：随着谈判的不断深入，谈判双方很容易陷入为了面子较劲的情况，这时候可引入一个第三方中间人。当谈判双方面对一个与利益无关的第三人，就很容易放下戒备心。中间人可提出保全谈判双方面子的方案，谈判往往会很容易走出死胡同。

## 二、供应商自称“没有决定权”怎么办

1. 采购人员需要激发供应商代表的自我意识

当供应商代表表示对于分歧无权决定，需要请示更高领导或者相关部门的时候，采购人员不妨微笑着和他说：“我想在这个问题上，您一定有决定权；否则，公司怎么会派你这样年轻有为的人和我们进行谈判呢?”如果供应商代表还是坚持，采购人员不妨将计就计，继续微笑着追问：“那么领导和相关部门一定非常重视您的解释喽？拜托您多美言几句!”在采购人员一系列“糖衣炮弹”的攻势之下，谈判对手很可能脑子一热就拍板决定下来。采购人员也不需要纠结他是否真正拥有决定权，只要对方同意采购方开出的条件，就等于和其处在同一个战壕之中。在之后的谈判

中，采购人员可以继续深入，将谈判主动权把握在自己手中。

2. 很大程度上是为拒绝采购人员所提出的条件寻找借口

一个项目所涉问题千头万绪。如果谈判双方不明确关键问题，那么供应商的借口就会层出不穷。为了避免这一情况的发生，采购人员需要和供应商明确关键问题。例如，谈判双方的分歧在于价格，供应商代表需要咨询领导的意见，采购人员就要和其明确，“如果贵司同意调整价格，我们是否马上就可以签署合同？”

## 三、谈判双方达成一致后应该如何处理

1. 要将双方达成一致的问题形成谈判纪要，双方签字存档备查

一方面为后续合同的签订提供依据，另一方面可以防止供应商使用“蚕食战术”，避免采购方利益受损。

2. 力争合同的草拟权

合作双方签订的合同，少则十几条，多则几十条条款。无论是业务部门还是法务部门，都不可能逐条修改，只会对关键条款进行审阅，起草合同的一方在无形当中会获得更多的利益。

## 中篇

# 供应商生命周期管理

供应商生命周期，是指从供需双方合作关系的确立到结束。供应商生命周期管理是一个动态发展的闭环过程，涵盖了供应关系的方方面面。本篇主要介绍战略寻源、供应商审核与选择、供应合同管理、供应商绩效考核与持续改进、供应关系管理等具有战略价值的关键环节。采购人员做好这些环节，就能为供应管理打下坚实的基础，让企业和供应商之间的合作更高效、更长远，从而使企业的供应链更柔韧、更有竞争力。

# 第一章　战略寻源

作为采购管理的起点，寻源管理在整个采购管理中具有重要地位。首先，寻源是采购部门贯彻落实企业战略的起点，寻源就要评估企业与供应商的匹配度，尤其是战略匹配度。其次，寻源要有前瞻性，在寻源过程中，采购人员要着眼于未来三到五年，甚至十年的市场供应需求趋势，提前布局。总而言之，只有把寻源提升到战略高度，采购人员才能牢牢把控采购工作的大方向，避免南辕北辙。

## 第一节　如何确定寻源战略

寻源，是为产品寻找匹配的供应源，和产品息息相关；而匹配，则要通过战略促成。只有采购管理成为供应管理，才能充分发挥采购的价值；只有寻源成为战略寻源，在战略的引领下，寻源的威力才能得以释放。战略决定了寻源的大方向，如果大方向错了，就会导致寻得越多，错得越深。

战略的本质，就是为更好地解决问题提供行动纲领，便于企业通过资源整合，补齐短板，放大优势。广义的企业战略，是指企业的整体战略。一般来说，企业要谋求发展壮大，所以整体战略通常指发展战略。企业只有在迫不得已时，才会考虑稳定或者收缩战略。发展战略主要有两种：一是多元化发展，即横向发展；二是聚焦在一个产业内精耕细作，即垂直发展。

在实际经营过程中，企业的具体竞争战略围绕着市场和产品来制定，产品和市场不能分家，产品和市场共同决定企业的未来。从市场和产品两个维度入手，来解析企业层面的竞争战略，采购人员就可以制定出与之匹配的供应战略。首先，深入分析某类产品的产品竞争战略和市场竞争战略；其次，制定为产品及其市场竞争战略提供支撑的供应战略；最后，结合企业的供应现状，制定企业的寻源战略，即制定寻源战略的三步骤，如图 1-1 所示。

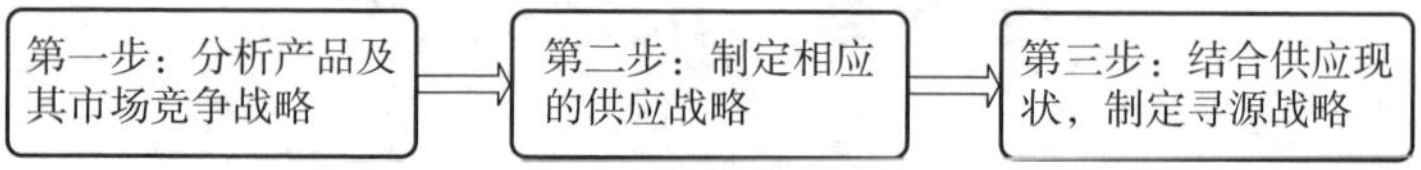


**图 1-1　制定寻源战略的三步骤**

## 一、分析产品及其市场竞争战略

在过去的半个多世纪，迈克尔·波特教授的三种基本竞争战略，在战略管理领域具有重要影响力。三种基本竞争战略，分别为成本领先战略、差异化战略、集中化战略，企业可以因地制宜，采取其中一种或者几种战略。成本领先战略和差异化战略主要针对产品，体现产品的差异或成本优势。集中化战略主要针对某个市场的细分领域，体现市场的集中化，通常为中小企业所采用。波特的三种基本竞争战略如图 1-2所示。

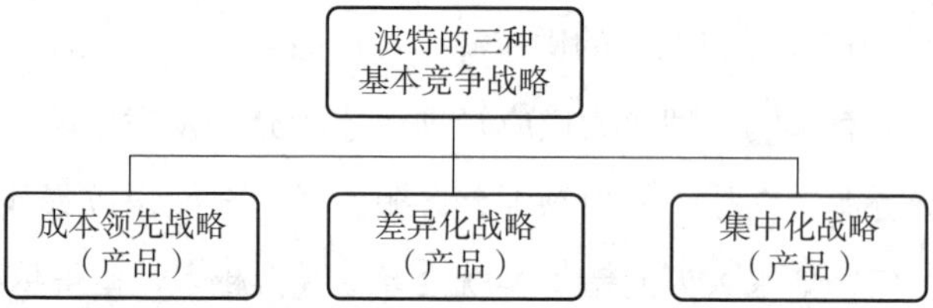


**图 1-2　波特的三种基本竞争战略**

### 1. 成本领先战略

成本领先战略，俗称“物美价廉”，是企业普遍采用的一种竞争战略。这种战略的初衷，是倡导企业加强内外部供应链各环节的成本控制，通过职能部门的一系列协同使企业实现总成本领先。然而，在实务中，企业在战略层面所倡导的成本领先，到了执行层面却变成了“低价为王”。究其原因，主要是成本领先型企业的管理层过度关注成本控制，从而让不断获取更低的成本成了主宰企业所有行动的纲领。

成功实现成本领先战略的企业有很多，代表企业有服装行业的优衣库、家电行业的美的，以及科技智能领域的小米等。如果企业采取的是成本领先战略，那么采购人员一定要熟悉成本领先战略的适用条件，积极推动企业内部跨职能部门群策群力，共同完成总成本最优的战略目标。

实施成本领先战略的条件主要有以下几个。

（1）规模经济

规模经济不仅要求企业所在的行业市场规模足够大，而且要求企业占有较高的市场份额，从而可以通过大量集中采购来提升采购的经济效益，达到降低成本的目的。与此同时，成本领先战略对产品的标准化程度和供应商的产能限度等都有很高的要求。

（2）客户特征

成本领先战略要求企业所面对的市场存在大量价格敏感型客户。由于价格竞争是市场竞争的主要手段，且客户转换品牌的成本较低，所以大部分客户关注的是价格，而不太关注品牌。

（3）成本控制

成本要领先，企业必须具备有效控制成本的能力：在不断优化设计的同时，推动产品的标准化；提高生产效率和产能利用率，最大限度地降低材料成本、人工成本、生产成本、物流成本、管理成本等供应链成本。

适合成本领先型企业的供应战略是集中采购，这要求采购人员具备很强的成本分析和谈判能力。

2. 差异化战略

差异化战略，即“物美价高”，是一种价值导向型战略。差异化是指企业向客户提供的产品或服务在行业内独具特色，且这种特色被客户所认可，从而可以为产品带来附加价值。实现差异化的方法有很多种，包括独特的设计、技术、功能、服务等，企业可以结合市场需求和自身实力，通过差异化的创新来达成战略目标。

差异化战略在实务中面临的主要难题为，虽然客户愿意以较高的价格来购买企业的产品，但同时会对企业提出各种各样的要求，迫使企业增加产品的复杂度，进而触发令采购人员苦不堪言的多品种、小批量采购业务。因此，差异化战略的实施成本较高，企业为了实现差异化，往往要放弃成本优势。

实施差异化战略的条件主要有以下几个方面。

一是企业所在行业的客户需求多种多样，且行业的技术更新换代快，使创新成为竞争的焦点。

二是企业拥有强大的研发能力和资金实力，足以支持其创新发展。

三是企业具有强大的市场营销和渠道管理能力，可使企业的产品价值和品牌价值被客户广泛认可，并最终为企业带来业绩回报。

由于差异化的主要驱动因素是创新，所以差异化战略要求采购人员具备很强的市场洞察和供应管理能力，可以及时获取供应市场的新技术、新材料、新工艺等重要信息，不断优化企业的供应资源。

### 3. 企业的战略目标选择

为深入理解成本领先战略和差异化战略，不妨把企业所面对的市场划分为现有市场和全新市场。结合产品的成本领先战略和差异化战略，我们会发现存在四种基本的企业战略目标选择：①在现有市场深耕渗透，做差异化产品；②在现有市场深耕渗透，做成本领先产品；③开拓全新市场，做差异化产品；④开拓全新市场，做成本领先产品。在实际生产经营中，企业的实际战略选择通常是以上四种的“混搭”。企业的四种基本战略目标选择如图 1-3 所示。

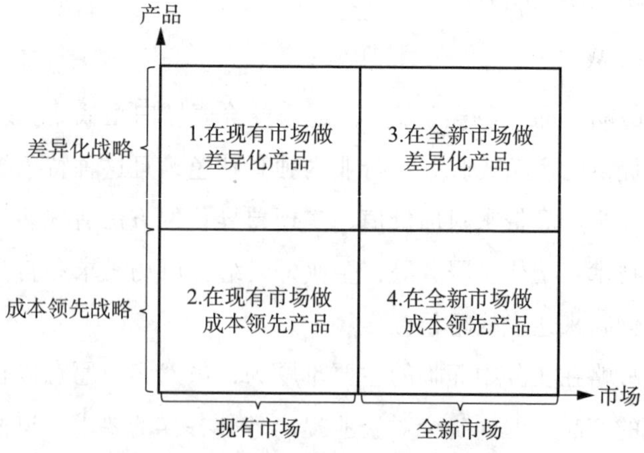


**图 1-3　企业的四种基本战略目标选择**

## 二、制定相应的供应战略

通过分析企业层面的竞争战略，我们可以因地制宜，制定相应的供应战略，为企业的竞争战略提供强有力的支撑。

1. 差异化产品+现有市场

企业的供应资源主要围绕现有市场来配置。差异化产品通常复杂度高、批量小、品种多，对供应链的弹性要求较高，保证高质量和稳定敏捷的供应是采购人员的首要任务。

2. 差异化产品+全新市场

市场在哪里，供应就要到哪里。除了差异化产品本身对供应链的要求之外，全新市场要求必须扩大寻源的范围，以确保全新市场的及时供应，这要求采购人员具备敏锐的供应市场洞察能力。

3. 成本领先产品+现有市场

在某种程度上，成本领先意味着价格战。所以，持续降本是供应战略的重中之重。采购人员在和现有供应商斗智斗勇的同时，要开发新的供应资源，在统筹规划采购业务的集中度和分散度基础上，不断优化供应商之间的竞争格局。

4. 成本领先产品+全新市场

当现有市场的竞争过于惨烈，企业自然会考虑开拓新市场。这时，采购人员就要及时启动针对新市场的供应调研工作，为企业的发展提供协同支持。

当企业要提升现有市场的占有率时，供应战略通常是在保证现有绩效的基础上，配套提升产能资源。当企业要把现有产品或者新产品打入全新市场时，除了要提升现有产能，采购人员还要从产品总成本的角度衡量，应该从哪里寻源才能更好地支持新市场的产品供应。

## 三、制定寻源战略

通过分析竞争战略和供应战略，采购人员只需把制定的供应战略和现有的供应资源做比对，查缺补漏，就能确定寻源战略的大方向。从本质上讲，寻源就是寻找企业目前缺少的、可以和企业相得益彰的供应资源。所以，通过剖析企业的市场和产品竞争战略，再层层向下分解，就能勾画出企业的供应和寻源战略选择：①快速响应型或成本导向型；②集中采购或分散采购；③本地化供应或全球化供应；④单一源供应或多源供应；⑤竞争型寻源或互补型寻源。

总而言之，制定寻源战略主要解决寻源战略的大方向问题，即寻源战略和企业战略的匹配度问题。制定寻源战略的过程，也是采购人员深入理解企业各层级战略的过程。尤其是负责寻源的采购人员，一定要熟悉、认同、支持企业的战略，要密切关注企业三到五年的发展战略，积极做好供应管理的提前布局。采购人员制定寻源战略的过程，从表面上看，是战略从上到下层层分解的过程；然而，随着寻源战略的实施，各级战略从下到上逐级形成支撑，最终使各级战略形成闭环，在动态发展中不断完善。

## 第二节　高效寻源三步法

采购人员在解决了寻源战略和企业战略的匹配问题之后，就可以开展寻源工作了。

采购人员进行高效寻源的过程，就是让寻源战略落地执行的过程。首先，分析内部需求，把企业战略对供应管理的需求具体化；其次，深入分析供应市场的现状和趋势；最后，识别与需求匹配的潜在供应源。高效寻源三步法如图 1-4 所示。

**图 1-4　高效寻源三步法**

### 一、内部需求分析

内部需求分析，通过列示新项目对供应链的具体需求，与现有的供应资源进行对比分析，以确定具体的寻源目标，缺少什么寻找什么，哪里薄弱强化哪里。在实践中，采购人员可以借助 5W2H 框架来把握重点信息，相关需求点包括但不限于以下信息：

➢项目或需求存在的理由（Why）；

➢项目或需求的时间计划（When）；

➢项目或需求涉及的利益相关者（Who）；

➢项目是否会涉及全球供应，对供应商的所在地有没有偏好（Where）；

➢需要采购的产品涉及哪些品类（What commodity）；

➢需要采购的产品涉及哪些生产加工工艺（What process）；

➢产品是否涉及新技术、新工艺、新材料等（What's new）；

➢需要采购的产品是否侧重于供应商的供应整合能力（What capability）；

➢需要供应商提供哪些辅助研发工作，可能涉及哪些技术软件（What technology）；

➢产品是否有特殊的认证要求（What certificate）；

➢项目或需求的相关预算（How much）；

➢产品未来 1~5 年的数量需求预测（How many pieces）；

➢需要开发几个合作或者备用供应源（How many suppliers）。

内部需求分析是需求管理的起点，通常需求发生质变的概率较小，但需求的数量预测经常会发生变化。因此，在项目或产品生命周期的不同阶段，采购人员要积极主动地和市场、销售、计划等相关人员充分沟通，及时追踪数量预测信息的动向，提前做好应变预案。

## 二、供应市场分析

在日常工作中，很多采购人员觉得采购工作不受企业重视，没有话语权，怎么办？要提升在企业中的价值和地位，采购人员必须提升对供应市场的洞察能力。但供应市场千变万化，如何做好供应市场分析？要对供应市场信息做系统分析，我们需要借助一些分析工具。投资大师查理·芒格曾说："一个人只要掌握 80 个到 90 个模型，就能解决 90%以上的问题，而在这些模型里面，非常重要的只有几个而已。”对于采购人员来说，要提高分析问题的效率和解决问题的能力，模型是必不可少的工具。只要掌握2~3个模型，采购人员就可以知己知彼，即便不能百战不殆，也足以从容应对大多数场面。

供应市场分析主要涉及两个方面：一是供应市场的宏观环境分析，二是行业的竞争环境分析。PEST模型，可以帮助我们分析宏观环境，即分析社会大环境。五种竞争力模型，可以让我们看清行业五种竞争力量之间的关系。供应市场分析的模型如图1-5所示。

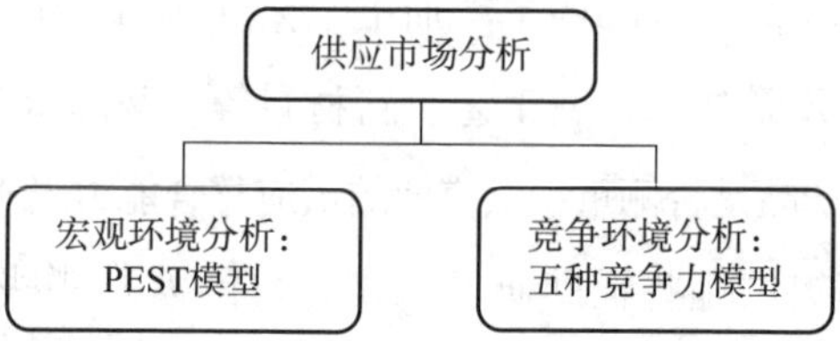


**图1-5 供应市场分析的模型**

1. PEST模型

PEST模型主要从政治、经济、社会环境、技术环境等四个角度分析一个行业的大环境，可以帮助采购人员洞察大环境中的风险和机遇，借势抓住下一个风口。PEST模型如图1-6所示。

| | |
|---|---|
| 政治因素：<br>P代表政治因素，包括国家政局的稳定性、国家的各项政策以及节能环保等法规要求 | 经济因素：<br>E代表经济因素，包括经济大环境的繁荣或衰退，以及发展趋势。主要参考PPI、CPI等经济指标 |
| 社会环境因素：<br>S代表社会环境因素，包括人口结构、不同群体的消费习惯、人口的流动性趋势等 | 技术环境因素：<br>T代表技术环境因素，主要包括新材料、新工艺、新技术等的发展动态 |

**图1-6 PEST模型**

（1）P 指政治因素（Political factor）

包括各项政策、法律法规等，对企业和行业的发展有重大影响。作为采购人员，要关注以下几点。

➢政局的稳定性。因为供应链资源涉及全球，采购人员要谨慎选择政局不稳定的国家或地区，并预判供应中断的风险和采购价格的波动，积极做好预备方案。

➢相关政策。税收、补贴等产业政策关乎行业发展，相关政策的持续性、最新动态等和资源供应息息相关。根据行业的相关政策变化对供应链的影响程度，做好预判，该提升产能的要提升产能，该降低库存的要提前降低库存。

➢节能环保要求。很多采购人员都有这样的经历，因为一级或者二级供应商的环保指标不达标，导致相关原料供应告急，甚至中断。近年来，国家和企业越来越重视节能环保，采购人员要关注供应商，尤其是中小型供应商在环保方面的合规性，避免因供应商环保要求不达标而导致供应中断。

（2）E 指经济因素（Economic factor）

采购人员要关注反映经济形势的各种信号，如失业率的高低、利率的变化、汇率的波动、行业产能是否过剩等，尤其是人民币汇率的变化对大宗物资采购成本的影响。以消费价格指数（CPI）和采购经理指数（PMI）为例，让我们来看看这些经济指标的实际意义。

➢CPI。CPI 反映了与居民生活息息相关的消费品及服务的价格变动情况，是衡量通货膨胀严重程度的重要参考指标。通常，CPI 同比增幅 2%~3%属于温和通货膨胀，在一定程度上可以刺激经济增长；CPI 同比增幅 3%~5%，则表明市场出现了较为严重的通货膨胀，货币的购买力下降。此外，采购人员需要关注劳动密集型供应商的人力成本变动情况，并与 CPI 指数的变动趋势做对比分析，推动供应商采取积极有效的措施来控制成本。

➢PMI。PMI 是监测经济的先行指标，反映了本月和上月相关数据的环比变化趋势。PMI 指数是国家统计部门根据采购经理的月度调查问卷汇总得出的综合指数，它涵盖了生产量、新订单量、产成品库存、采购量、购进价格、从业人数、供应商配送时间等11项重要商业指标。50%是PMI指数的分水岭，高于50%说明本月和上月相比，整体趋势向好，采购量增加；低于50%说明经济趋势向下，采购量相应减少。除了总体指数之外，采购人员还需要同时参照PMI的三个分项指数：采购量指数、主要原材料购进价格指数和供应商配送时间指数。

若采购量指数稳步上升，则表明采购环境较好。

主要原材料购进价格指数反映了企业的主要原材料采购价格的涨跌趋势。

如果供应商配送时间指数低于50%，则说明主要原材料供应商的交货时间继续拉长；如果供应商配送时间指数高于50%，则说明供应商的交货时间不断缩短。

（3）S指社会环境因素（Social factor）

主要涉及各国各地的人口结构、消费习惯、风俗习惯、人口流动趋势等，对企业的产品定位和市场细分有重要的参考价值，进而影响企业的采购战略。另外，节假日前后的人口流动，也可能导致供应商的中短期用工荒，采购人员要特别关注供应商在节假日前后的用工荒预案。

（4）T指技术环境因素（Technological factor）

包括新技术、新材料、新工艺等。采购人员一定要关注技术发展动态，因为技术更新换代直接影响产品更新换代，使产品的生命周期大大缩短；而在产品生命周期的不同阶段，采购工作的重点有所不同。在新产品导入期，由于刚刚开始批量生产，产品质量稳定性有待提高，企业主要关注产品质量问题，采购人员基本上没有降低成本的压力，要全力以赴保障产品质量；产品在进入成长期后，销量开始攀升，采购人员要确保产能；到了产品成熟期，销量和质量都趋于稳定，成本压力加大，采购人员的工作重点在于降低成本；随着衰退期的到来，销量下降，采购人员要相应调整产品及其相关零部件的库存水平，防止呆滞库存的产生。

### 2. 五种竞争力模型

和PEST模型相比，五种竞争力模型相对微观，主要从市场竞争的激烈程度和供应链的协作程度来分析行业的竞争状况，最终聚焦行业的五种竞争关系：①潜在进入者的威胁；②替代品的威胁；③供应者讨价还价的能力；④购买者讨价还价的能力；⑤行业内现有企业之间的竞争。五种竞争力模型解析如图 1-7 所示。

如果我们把五种竞争力模型分别在水平方向和垂直方向做切分，就会发现，水平方向的链条代表企业或行业的供应链，是采购人员要重点分析的内容。它体现了零部件从上游各级供应商工厂出发，来到采购人员所在企业工厂，再经过企业的生产加工或组装，最终成为产成品，并被运送到各级客户手中。在实践中，采购人员可以选取一个品类，从一级供应商开始，逐级分析直至上游各级原材料市场，再根据上游市场的变化趋势，预判这些变动可能对下游产品造成的影响。图 1-7 中垂直方向的链条代表广义的竞品分析，是市场或营销人员需要重点分析的方面。企业只有通过研究潜在竞争对手的相关产品，知己知彼，才能不断提升自身产品的竞争力。

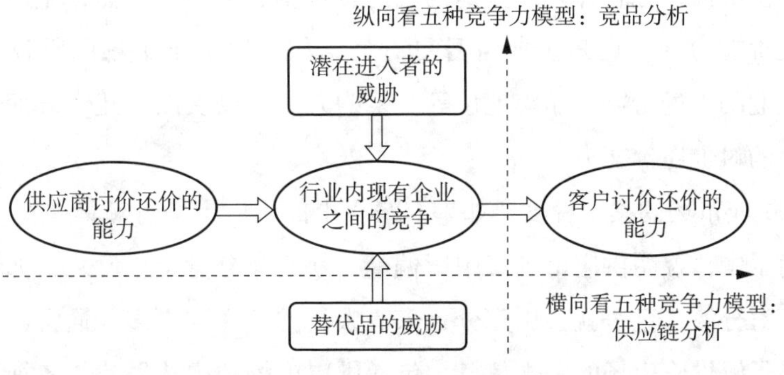


**图 1-7　五种竞争力模型解析**

一是潜在进入者的威胁，即企业的潜在竞争对手对企业的威胁。这个威胁的大小，取决于企业所在行业的进入门槛和行业前景，包括进入该行业所需要的初始投资金额，现有的业内企业有没有垄断某核心技术，有没有牢牢掌控分销渠道或供应渠道等关键资源，供应商的转换成本高低等。例如，近几年蓬勃发展的新能源汽车行业，由于前景可观，且有国家政策助力，吸引了不少企业加入其中，除了小鹏、蔚来、理想、特斯拉等现有品牌之间的竞争之外，小米、格力等企业也纷纷跨界出道，争先恐后地加入。企业之间的竞争，本质上是供应链之间的竞争，行业潜在进入者的威胁，必然会对企业的采购人员带来挑战。

二是替代品的威胁，既包括直接竞争对手的新产品对企业现有产品的威胁，如新款手机替代老款手机、新款沙发替代老款沙发等，也包括由技术发展驱动的替代，可能会对企业的现有产品带来颠覆性冲击。对于采购人员来说，如何提高不可替代性，是五种竞争力模型对采购人员的重要启发之一。

三是产业内现有企业的竞争，主要包括价格战、广告战、产品升级、服务提升等。为此，采购人员要和企业的销售人员加强沟通，通过分析销售竞标的失败率，以及失败的原因，既获悉市场竞争的激烈程度，也了解企业在市场竞争中所处的位置，进而挖掘主要竞争产品的供应信息。只有通过对比，采购人员才能找到差距所在。

四是供应商讨价还价的能力，采购人员要重点研究，甚至需要溯源供应商的供应商，综合评判供应商的上游资源整合能力。当然，是供应商的讨价还价能力强，还是企业自身更有话语权，取决于市场的整体供需状况、企业的市场份额、品牌地位等。采购人员可以从以下几个方面来分析供应商的讨价还价能力。

➢供应市场的集中程度。如果60%以上的供应市场份额集中在2~3家供应商手中，说明供应市场集中度偏高，缺乏充分竞争；反之，如果供应市场相对分散，竞争就会更充分，采购人员的选择会更多。通常，采购人员需要了解供应市场的基本信息，包括供应市场的梯队划分、各梯队的供应商群体、市场份额、质量和价格水平等。在选择供应商时，采购人员需要首先权衡企业最需要什么，最看重什么，再做定夺。

➢产品的标准化程度。供应市场上是标准化的产品多，还是定制化的产品多。

➢主要原材料的可替代性。市场上主要原材料的可选品牌多不多，互替性大不大。

➢主要原材料的价格。主要原材料价格的历史走势和未来趋势如何。

➢供应商的核心优势。供应商是否拥有难以替代的核心优势，如设计或技术专利等。

➢生产设备的专用程度。设备的专用化程度越高，供应商的转型成本越高，经营风险越高。

➢供应商成本的透明度。供应商成本信息的透明度越低，供应商讨价还价的能力越强。

➢供应商的品牌效应。供应商品牌地位的高低和口碑的好坏，决定了供应商话语权的强弱。

➢供应商的资源整合能力。一级供应商对其上游供应商的掌控能力越强，其自身的不可替代性就越高。

五是购买者讨价还价的能力，是指企业的客户和企业讨价还价的能力，主要依靠其采购量优势或品牌效应；企业和客户讨价还价主要依靠产品的差异化——产品质量够好、品相够美、特色够鲜明。

为了更好地应对行业内的五种竞争关系，一方面，企业可以利用规模效应和品牌溢价形成竞争优势；另一方面，企业可以利用差异化创新或质量优势，提升产品的价值，以价值赢得客户。

总之，采购人员可用 PEST 模型分析社会大环境，用五种竞争力模型分析行业内的竞争态势。所谓适者生存，采购人员做供应市场调查，不是为了改变环境，而是为了看清市场环境，尽可能地提前布局，化危为机。只有这样，当机会来临时，我们才能抓住；面对困境时，亦能坦然处之。

## 三、识别潜在供应源

如何识别与需求匹配的潜在供应源？可以运用高效寻源三步法，具体如图 1-8 所示。

**图 1-8　高效寻源三步法**

通过第一步内部需求分析，采购人员可以知道企业需要什么。通过第二步供应市场分析，采购人员可以了解供应市场的竞争格局，初步明确市场上有什么。在高效寻源的第三步——识别潜在供应源，采购人员通过层层筛选，确定可以进入准入审核环节的供应商。五步法识别潜在的匹配供应源，如图1-9所示。

**图1-9　五步法识别潜在的匹配供应源**

1. 供应商调查表

在初步了解供应市场的基础上，采购人员可以要求潜在的供应商填写供应商调查表，收集关键信息，以决定是否对此进行进一步实地考察。供应商调查表主要包括以下信息。

➢基本经营信息：企业成立时间、属性、注册资金、法人代表、员工人数、厂房规模等。

➢供应商生产能力：主要加工工艺、生产设备、加工精度、产能利用率等。

➢供应商技术能力：研发能力、专利技术等。

➢供应商产品/服务质量保证能力：质量体系认证、制程能力指数等。

➢供应商业务能力：年销售金额、主要市场、主要客户等。

➢供应商资质认证：社会责任相关认证、环境保护相关认证等。

2. 实地考察

对供应商调查表进行初步筛选，挑选合适的供应商对其进行考察，采购人员可以参照供应商调查表的相关内容，考察供应商工厂的实际规模、生产能力、管理水平等。有经验的采购人员经过实地考察，基于供应商团队的接洽协调能力及其整体运营情况，可以基本判定其是不是合适的供应源。

3. 初步询价

经过实地考察，如果认可供应商的基本实力，采购人员可以向供应商发送询价单，以了解供应商的成本结构和定价策略。由于询价资料可能涉及企业的核心信息，故采购人员须要求供应商签署保密协议。

4. 预审核供应商名单

综合考虑供应商的规模、实力、成本结构等因素，采购人员可将与需求匹配的潜在供应商列入预审核名单。在预审核阶段，采购人员主要工作包括以下几项。

➢通过企业信用信息公示系统、企查查、启信宝等平台，查询供应商是否为失信单位，或涉及相关诉讼案件。同时，取得供应商的第三方信用报告，评估其信用风险。

➢要求供应商填写质量控制体系自查表，以便对供应商的质量系统有全面深入的了解。

➢成立由采购、质量、研发等部门组成的跨职能团队，再次考察供应商，通过对产品质量、技术、各项认证等相关问题的深入了解，最大限度地消除对供应商的误判。

5. 准入审核供应商名单

通过预审核，那些在质量水平、技术能力、管理理念等方面和企业相得益彰的供应商成为候选供应商。至此，准入审核供应商名单出炉，寻源工作基本完成。

## 第三节　不能错过的十个高效寻源渠道

采购人员进行供应分析和市场寻源，离不开信息采集。以下是常用的寻源方法或渠道，可选择使用。

网络搜索：通过不同的关键词、搜索引擎、专业平台等搜索方式，寻找潜在的供应源，这种方法简单实用，但性价比不高。

供应商推荐：大部分供应商对供应市场的了解程度，往往比采购人员更深入。如果双方的合作关系足够紧密，采购人员可以请供应商推荐与之没有直接竞争关系的优质供应商。

业内人士推荐：如果采购人员和业内人士建立了联系，就可以请业内人士推荐可靠的供应资源。

行业展销会：采购人员可以通过行业展销会，集中收集供应商信息。大多数发展较好的供应商，每年都会通过大型展销会推荐新产品，在提高曝光率的同时，借机和客户当面沟通，挖掘合作机会。

商会或行业协会：采购人员可以通过商会或行业协会，获取供应商信息，尽管加入协会的供应商水平可能参差不齐，但也不乏优质供应商。

竞争对手的供应链分析：企业选择竞争对手的供应商有利有弊，主要取决于产品属性、知识产权、供应商的专业度等因素。有专业度的供应商，同时给两个同业竞争的客户供货，在其中一个客户来访时，一般会保护另外一个客户的产品线，不向其竞争对手开放。即使企业不选择竞争对手的供应商，也可以将其作为参照标准，和现有的供应商做比较分析，所谓有比较才有鉴别。

咨询公司：咨询公司是重要的寻源渠道。由于咨询公司的客户来自各行各业，所以其对很多行业有深入而专业的理解和研究。

投资公司：在投资之前，投资公司会做详尽的行业研究，其研究报告信息量大，值得采购人员去挖掘。

行业内各大企业的年报：各行业的龙头企业通常会在其官网发布年报，其中的行业发展趋势和供应信息值得参考。

“守株待兔”：如果企业的名气够大，行业地位够高，一定会有潜在供应商慕名而来，寻求合作机会。

总而言之，所谓战略寻源，就是从市场和产品两个维度入手，剖析企业的竞争战略，并向下拆解至供应战略，再结合品类战略和供应商绩效考核结果，制定寻源战略；进而利用5W2H法具体把握内部需求的重点信息，借助PEST模型和五种竞争力模型分析企业外部的供应市场，并把内外部信息汇总进行比较，识别与需求匹配的潜在供应源，经过五步法的筛选，形成准入审核供应商清单，完成寻源工作。

# 第二章　供应商审核与选择

对于企业来说，选择什么样的供应商，会影响其未来发展。因此，采购人员不仅要确保供应商审核过程的客观公正，还要让供应商的选择有理有据。

## 第一节　供应商审核的流程

广义的供应商审核，包括拟合作供应商的准入审核、现有供应商的年度审核、绩效考核不达标的供应商专项审核、特殊供应风险的专项审核等。本章所述的供应商审核，主要指拟合作的供应商的准入审核。供应商准入审核流程如图 2-1 所示，根据企业的具体情况，实践中可适当删减或增加某些环节。

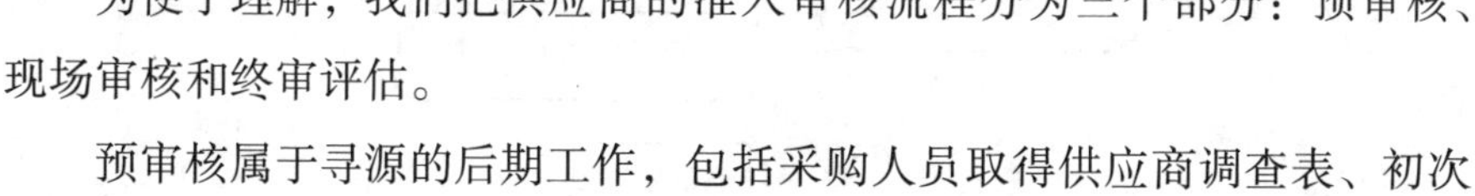


**图 2-1　供应商审核与选择流程**

为便于理解，我们把供应商的准入审核流程分为三个部分：预审核、现场审核和终审评估。

预审核属于寻源的后期工作，包括采购人员取得供应商调查表、初次实地拜访、询价，直至取得供应商的质量系统自查表和第三方信用报告。

现场审核由采购、质量、技术等跨职能部门共同完成，是供应商准入审核的重点。

终审评估通常由跨职能部门共同讨论完成，由负责供应商审核的采购人员汇总评估结果。如果供应商通过了终审评估，则可以进入合格供应商名录。

## 第二节　供应商现场审核

供应商能不能拿到与企业合作的入场券，取决于现场审核结果。因此，采购人员要把握好现场审核的机会，这时供应商基本会有求必应。

供应商现场审核的主要目的是，验证采购人员前期对供应商的分析和评估是否符合预期，核实供应商前期所提供信息的准确度。通常，在现场审核开始之前，采购人员需要提前1~2周通知供应商现场审核的时间安排和具体审核流程。供应商现场审核，一般由专门负责供应商审核的采购人员主导，由负责寻源工作的采购人员协助，同时联合质量、生产、研发等相关人员共同完成。根据供应商的规模和相关体系的健全程度，整个审核工作可能会持续1~2个工作日。

供应商现场审核工作应该如何开展？从现场流程来看，采购人员可把现场审核分为四个部分：①供应商审核“破冰”沟通会；②对供应商主要职能部门的专项审核；③对供应商生产现场的专项审核；④供应商审核总结沟通会。供应商现场审核的四大环节如图2-2所示。

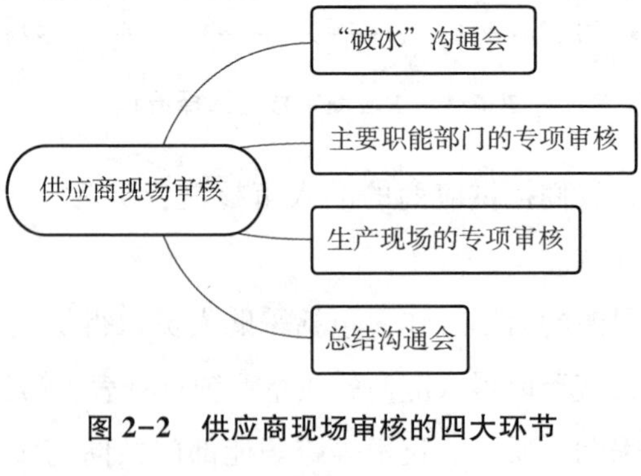


**图2-2　供应商现场审核的四大环节**

## 一、供应商审核“破冰”沟通会

“破冰”沟通会，指供需双方团队在现场审核开始时的简短座谈会，沟通的内容主要包括以下几个方面。

➢双方团队的介绍；

➢供应商的企业概况、质量目标、战略规划等；

➢采购方的企业概况、项目意向、审核流程等。

值得关注的是，在供应商团队中，参加沟通会的管理层级别越高，说明供应商对此次审核越重视，这为供需双方的关系发展定下了基调。通常，供应商针对企业的经营管理和中长期战略规划做详细说明，但不会主动谈及企业的劣势或瓶颈。采购人员要善于通过询问，探寻供应商实现战略目标可能会遇到哪些瓶颈或困难，以及采取的应对措施。总之，通过和供应商管理层的互动沟通，采购人员可以深入全面地了解供应商的实际情况，判定双方的步调是否一致。为此，采购人员要具备很强的综合素质和控场能力，不仅要会倾听，还要会提问，如此才能在沟通中挖掘更多的有效信息。

## 二、对供应商主要职能部门的专项审核

“破冰”沟通会之后，通常是针对供应商主要职能部门的专项审核。整个流程基本上遵循ISO的管控原则，包括查阅质量管理手册、各部门的程序文件、工作指引、工作表单、相关记录等。整个过程稍显枯燥，但对采购人员来说，却是学习和提升的好机会。

根据供应商的组织架构设置，需要重点审核以下几个职能部门。

### 1. 研发部

要详细了解研发人员的资质、产品开发的周期和流程、设计及其变更的管控、常用的研发软件等信息。此外，供应商是否拥有和客户共同研发，或者参与客户研发项目早期评估的经验也很重要。

2. 质量部

除了进货环节、生产过程、出货环节的质量管控以及各种设备和量具检具的校验管控之外，质量部的客户投诉处理流程、产品的可追溯性、质量趋势分析、质量问题分析方法等都是专项审核的重点，具体如下。

➢客户投诉处理流程。除了查看供应商的客户投诉处理流程及相关文件记录外，采购人员还可以要求供应商现场模拟投诉处理流程，以便验证既定的流程是否实际执行到位。

➢产品的可追溯性。采购人员可假设某个批次的产品出现了质量问题，要求供应商模拟追溯的流程，考察供应商如何从产成品追溯零部件，再溯源至原材料的进料批次。产品的追溯过程，必定贯穿一个指向唯一的批次代码；否则，可追溯性很难真正实现。早在 2015 年，商务部、海关总署等部门就曾联合发文，强调追溯体系建设的重要性，并建议政府采购在同等条件下优先采购可追溯产品，足以体现追溯的重要性。

➢质量趋势分析。须详细了解供应商最近几年的质量问题汇总和趋势分析。例如，上年的质量目标是什么？有没有实现？今年的质量目标是什么？和上年相比，是持平还是提高？具体到每百万件的缺陷数（DPPM），最近几年的数值分别是多少？趋势向好还是向坏？

➢质量问题分析方法。质量问题能否得到解决，关键在于对问题的分析是否透彻，因此分析质量问题的方法或工具尤为重要。福特公司最早使用的 8 Disciplines（8D）分析法是经典而系统的质量问题分析方法，它以“头脑风暴”和团队协作为基础，经过准确描述问题、确认问题产生的影响、确认临时纠正措施、锁定问题的根源、确认并实施永久纠正措施等一系列步骤，同时融合鱼骨图、5Why 等分析工具，最终达到全方位分析问题、解决问题的目的。

3. 采购部

对采购人员来说，审核供应商的采购部是一个难得的对比学习机会，可以从采购战略、流程设置、成本控制、供应商全生命周期管理等方面考察供应商的采购管理体系。

4. 销售部

企业的销售部和采购部是直接对接的部门，一方面，我们要关注销售人员的行业背景、业绩指标、报价审批权限以及项目管理经验等；另一方面，我们要看销售订单是如何经过系统处理，转换为生产订单，最终再分解成各种零部件或原材料的订购单，以便全面了解销售订单在供应商内部的处理流程。

5. 生产部

除了要详细了解供应商的排产计划、生产模式、库存策略等，采购人员对生产部的审核还体现在对生产现场的专项审核中。

6. 人力资源与合规

优秀的企业大都有一套完善的招聘、用工以及激励考核体系，目的是促进良性竞争，确保优胜劣汰。除此之外，采购人员要关注供应商员工的专业资质、培训计划以及相关记录等。同时，员工流失率以及员工流失的主要原因也值得重点关注，合理的员工流失率通常在5%~10%，超过15%则要评估可能由此引发的供应风险。

7. 财务部

在现场审核之前，采购人员已取得供应商的财务报表和第三方信用报告，对供应商的财务能力有了初步判断。在现场审核中，采购人员除了要询问供应商的财务战略、投资计划、融资策略等信息外，还要了解主要机器设备的折旧方法、主要客户的平均账期、主要供应商的平均账期、预收款的比例、预付款的比例等重要数据。通过这些信息，采购人员可以基本判定供应商的现金流是否顺畅，财务体系是否健全。

## 三、对供应商生产现场的专项审核

要了解供应商的ISO体系认证是否为一纸空文，采购人员要对其生产现场进行仔细观察，见微知著，做到心中有数。针对供应商生产现场的审核，采购人员须从五个方面来考量，即制造业企业总结出的五个影响质量稳定性的因素：人员、机器、原料、方法、环境，简称“人机料法环”。可以这样理解，在生产过程中只要把这五个因素控制好了，产品的质量就差不了；反之，如果产品的质量出了问题，就要从这五个方面来排查，寻找问题的根源。生产现场审核的五大要素如图 2-3 所示。

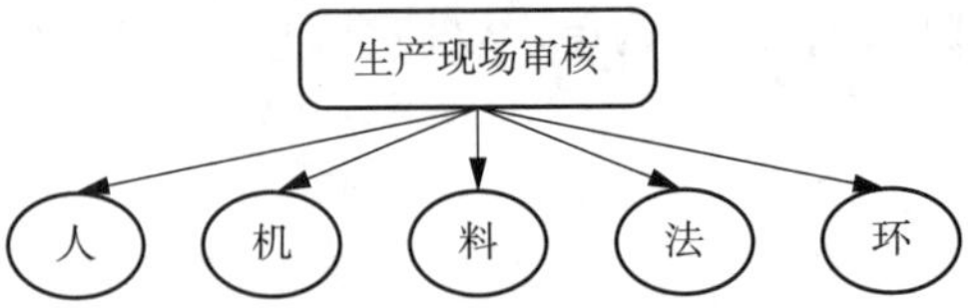


**图 2-3　生产现场审核的五大要素**

1. 人

人，主要指生产车间的管理人员和操作人员。“成也萧何，败也萧何。”在任何企业或工厂，只要解决了人的问题，大部分问题就会迎刃而解。首先，上行下效是人的本能，车间管理人员必须具有强烈的质量意识，起带头作用。如果管理人员不作为，那么操作人员自然不会有太强的责任意识。其次，生产车间各级人员只有同时满足岗位技能、质量安全意识以及责任心三项要求，才能为稳定产品质量打下良好的基础。

在生产现场，采购人员除了要听取生产主管的介绍外，还要感受现场的氛围，观察员工的精气神，留意操作人员是否严格按照作业指导书的要求完成操作。采购人员可以随机抽查重要岗位操作人员的资格证书、岗前技能培训记录、定期考核记录等资料，以确定操作人员是否具备良好的岗位技能。另外，一个高效的生产现场，各道工序的开展应当不疾不徐，有序衔接；如果一些人忙忙碌碌，而另一些人闲散发呆，说明工厂的生产效率有待提高。

2. 机

机，主要指生产过程中用到的机器设备、模具工装、检具、夹具等。所谓“磨刀不误砍柴工”，在机的因素中，设备的定期保养和检修是万万不能少的。采购人员要详细了解主要机器设备的新旧程度、维修保养记录、实际使用年限、预定使用年限、品牌和吨位、加工精度以及检测设备或仪器的校验记录等信息，再结合从财务部了解的具体折旧方法，取得后续成本分析所需要的基础资料。另外，生产车间的各项维护保养工作是否可视化，模具的剩余寿命标识是否一目了然，都能在一定程度上反映车间的管理水平和执行力度。

3. 料

料的形式多种多样，可能是原材料，也可能是半成品、产成品、包装材料等。料是五个因素中颇具挑战性的一个。无论是什么物料，必须拥有可供追溯的批次料号，必须在检验合格之后才能上线生产或出厂。与之相关的重要事项如下。

➢不合格或报废品的管控。不合格或报废的物料，应放置在临时隔离区域，同时配备醒目标识，等待后续处理。临时隔离区不应设置在合格品仓库内，以免和仓库内的其他物料误混。另外，要留意观察仓库或车间对不良品的处理方式。若临时隔离区内的物料堆放过多，则可在某种程度上说明供应商购进或生产的物料品质堪忧。

➢客供料的管控。客供料是客户直接提供给企业的生产物料，不同于企业自主购买的常规物料。如果供应商仓库里存放归属于客户的客供料，采购人员就要详细了解仓库人员的物料管控措施，确保客供料不被挪用或混用。

➢仓库管理。主要看仓库的区域划分是否合理，库位标识是否清晰，先进先出是否有保障。良好的仓库管理，既要保证物料的先进先出，又要避免频繁的物料搬运。采购人员可以随机选取几个物料号码，验证物料在系统中显示的库位信息，是否与之在仓库中的实际库位一致。此外，还要查验仓库管理人员对各类物料的盘点计划和相关记录。当然，物料的出入库原则也不容忽视，如购进的原材料必须附有送货单、出厂检验合格单，且实际材料和单据上的材料、数量、规格等信息要一致，才能进入待检测区域，检验合格后方可入库。

➢先进先出。物料的先进先出，与物料的可追溯性密切相关，是产品流程控制的重要环节。为什么一定要确保物料的先进先出？目的是保证先入库的物料不积压，后入库的物料不被优先使用，以便所有批次的物料都可以在合理的时间段内被合理使用，从而减少质量问题。要做好先进先出，就要合理规划仓库的布局和库位管理。在实地考察中，采购人员可能会发现这样的情况：一些先入库的物料被放置在靠内或下方的库位，一些后入库的物料被放置在靠外或上方的库位，由于库位布局不合理，导致先入库的物料被堵在里面或压在下面。要实现先进先出，就必须先把靠外或上方的物料挪开，如此不仅会增加工人的搬运量、延长取料时间，还可能导致批次混乱。为此，最好通过合理的层级和区域划分，为每批次的物料提供独立开放的存储空间，同时兼顾仓库人员的操作便利，尽可能地规避人为因素对先进先出的不良影响。

那么，采购人员如何识别供应商是否实现了先进先出呢？实现先进先出的过程虽然艰难，但要验证结果并不难。例如，采购人员可以抽取使用比较频繁的 A 物料，让仓库管理人员提供 A 物料最近 12 个月的入库和出库记录，再分别把这些入库和出库记录按照从先到后的顺序排列；对比两列数据，看看先入库的物料是否优先出库，后入库的物料是否后出库，就能验证先进先出有没有实现。

4. 法

法，主要指生产车间的系列管控文件，包括生产工艺、生产管理规章、作业指导书、质量检验标准、物料流转卡或标识卡等。俗话说，“铁打的营盘流水的兵”。但因为有一套系统的训练方法，从而确保了部队的日常训练水平。在工厂，管控文件的作用也大抵如此。例如，采购人员可以把检验指导书所示的检验标准和现场实际生产出来的产品对比检查，并查验每道工序的不良品数量，询问工人每道工序的产出数量，估算各道工序的不良品率；对比分析从第一道工序至最后一道工序的不良品率，从而确定生产车间的管控文件是形同虚设，还是切实有效。

5. 环

环，环境因素。一方面，环境因素是指 5S 现场管理法则的基本要求，包括生产现场只能保留必须的物品、物料摆放整齐有序、保持生产现场干净整洁等，一些有特殊精度要求的零部件，甚至需要无尘或恒温恒湿的生产环境。另一方面，环境因素包括污染物的排放问题。如果供应商的生产工艺涉及污染物排放，采购人员须要求供应商提供环保达标的相关资料或凭证，并实地查看工厂的污染物处理系统，确保其达到了国家的环保要求。此外，采购人员还要查看生产现场的安全通道和消防设施布局是否合理，消防器材的定期检验标签是否有效，操作人员的安全防护装备是否齐全。这些事项都和高效稳定的产品供应息息相关。

其实，广义的环境因素还包括社会责任。很多时候，企业对供应商的要求，不仅来自企业自身，还来自企业的客户，来自政府。只有懂得保护环境，且愿意承担社会责任的企业才能走得更远，实现可持续发展。

总的来说，在对供应商的生产现场进行专项审核时，采购人员只要考察其生产现场布局是否合理、是否标准化作业以及实施可视化管理，就大概知道供应商的生产管理水平到底如何了。

### 四、供应商审核总结沟通会

总结沟通会是现场审核的最后一个环节，除了对供应商团队的鼎力协助表示感谢之外，采购人员还要提请供应商关注审核中发现的各种问题，并要求供应商提供切实可行的整改计划。需要强调的是，供应商的管理层要参加总结沟通会并明确表态；如果没有管理层的支持，任何工作都不可能高效开展。

另外，采购人员须向供应商强调，审核通过仅仅是赋予供应商参与新项目报价或投标的资格，即便供应商通过了现场审核，也不意味着一定会取得业务订单。

## 第三节　供应商选择的 12 个标准

高瓴资本的 CEO 张磊曾说，与谁同行比要去的地方更重要。这里的谁，可以理解为企业的员工或供应商。采购人员可以根据企业的具体情况，选择以下12个标准，并根据每项指标的重要程度，分配相应权重。供应商选择的主要参考指标如图2-4所示。

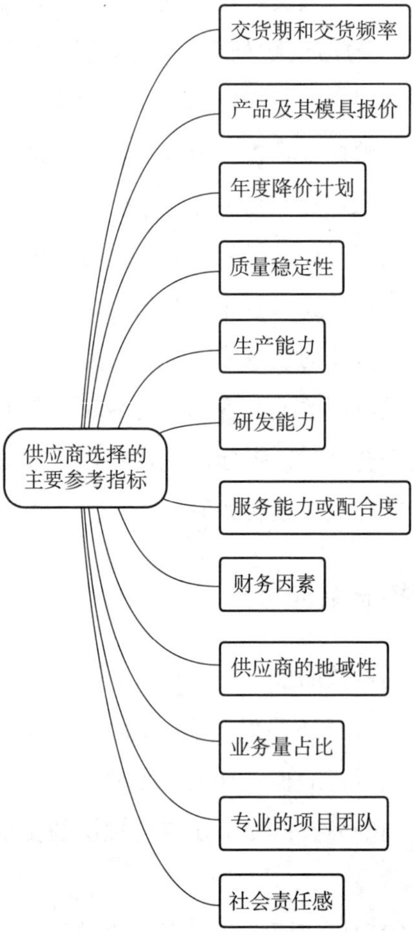


**图2-4　供应商选择的主要参考指标**

## 一、交货期和交货频率

采购人员的基本职责就是保证供应，因此供应商能不能按时送货，是采购人员能不能选择这个供应商的最低标准。根据供应商同类产品的平均交货期、交货方式、交货频率、相关原材料的库存策略、当前的产能利用度、扩产计划等信息，再结合企业的采购需求，采购人员可以判定供应商是否有能力保证产品供应。

## 二、产品及其模具报价

在实践中，采购人员不能直接对几家供应商的报价做简单比较，应制定自己的分解报价表，让供应商提供详细的分解报价，以提高报价的可比性。最基本的分解报价表，需要把报价分解为原材料成本、加工成本、销售费用、管理费用、财务费用、利润等细分项目。如果企业没有特别指定原材料的品牌，那么在比价过程中，采购人员需要剔除不同品牌原材料的价格差异对原材料成本的影响。当然，如果供应商不愿意提供分解报价，则可以直接将其排除出局。

虽然采购价格的重要性不言自明，但在选择供应商时，采购人员不仅要关注采购价格，更要关注产品的总成本，即综合考虑产品的采购价格、物流成本、使用成本、管理成本，避免陷入低价旋涡。

## 三、年度降价计划

采购人员要完成年度降低成本的目标，离不开供应商的支持和配合。通过供应商的成本控制计划，采购人员可以全面了解供应商在技术创新、材料成本、人工成本、管理成本等方面的成本管控措施，从而对供应商的成本管控能力做出合理预期。

## 四、质量稳定性

对于现有供应商，采购人员可以基于供应商过往的实际绩效表现，如参考每百万件的缺陷数（DPPM）和制程能力水平（CPK）等关键指标，评估供应商所供产品的质量稳定性。对于拟合作的新供应商，采购人员可以综合考虑供应商的业界口碑、质量管控体系、制程能力水平等因素，预判其产品的质量稳定性。

## 五、生产能力

质量是产品的生命线，而产品质量是生产出来的，不是检验出来的。因此，供应商的生产能力是采购人员需要评估的重要因素。除了考察供应商生产人员的行业经验、生产设备的加工精度、生产工艺的先进程度外，还要考虑供应商有没有模具加工能力。通常，能生产产品的供应商不一定能生产产品所需要的模具，而有能力加工模具的供应商基本都能生产出不错的产品。

## 六、研发能力

在竞争日益激烈的市场环境中，研发能力是影响产品创新的核心要素。供应商的研发能力主要取决于其研发团队的能力和素质。采购人员可以参考供应商所拥有的核心专利数量，考察其研发团队的行业资质、联合开发项目经验、设计软件的先进性等，综合评判供应商的研发能力。在实践中，如果供应商拥有丰富的行业经验和相关项目经验，则可以使其在产品创新过程中少走弯路，甚至可以促进企业研发水平的提高。

## 七、服务能力或配合度

对采购人员来说，供应商的服务能力或配合度主要体现为以下几个方面。

- 供应商设定的产品最小起订量（MOQ）是否合理；
- 供应商对样品订单的处理是否及时；
- 供应商是否愿意接受小批量、定制化的产品订单；
- 对于紧急订单，供应商是否愿意加班赶工，是否索取额外费用，或借机“狮子大开口”；
- 供应商对质量问题的处理是否客观公正，是否推诿扯皮。

## 八、财务因素

供应商的财务实力是其经济实力的集中体现，关乎其日常生产经营和未来发展。采购人员可以从财务报表、第三方信用报告、付款条件等方面来衡量供应商的财务能力，具体如下。

➢财务报表。主要根据供应商的资产负债表、现金流量表以及利润表，来评估供应商的资产质量、运营能力、盈利能力、自由现金流量等。如果供应商不愿意提供财务报表，则注定无法成为与企业长期合作的重要供应商。

➢第三方信用报告。对于重要的供应商，企业可以从第三方评估机构购买供应商的信用报告，参考信用报告给出高、中、低信用风险提示。

➢付款条件。付款条件与企业的现金流量息息相关，企业大都希望“早收晚付”，应收账款早早收回来，应付账款延迟支付。假设企业的平均付款周期为 60 天左右，那么对企业来说，可接受 60 天或 90 天账期的供应商，就比强烈要求 30 天支付账期的供应商更值得考虑。

## 九、供应商的地域性

供应商所处地域对企业的物流成本和库存策略影响重大。尤其是实施精益生产管理的企业，对供应商的送货频率要求很高，甚至要求每日按需送货，这对远距离供应商是个很大的挑战。企业可以根据其实际生产需求，设置相应的供应商地域选择标准。例如，有些企业会首先选择距离自己 1~3 小时车程的供应商，其次选择 4~8 小时车程的供应商，最后才考虑 8 小时以上车程的供应商。供应商距离企业越远，该项得分越低。

## 十、业务量占比

业务量占比往往容易被采购人员忽视，但其引发的供应风险却不容小觑。通常，企业的采购量占供应商的业务量比重越大，供需双方的关系可能越深入，但蕴藏的风险也会越大。在实践中，当业务量占比低于 5%时，双方很难建立重要伙伴关系。当业务量占比达到10%时，企业就会取得一定的话语权，采购量在供应量的业务量中占比越高，话语权越大。但是，当采购量达到供应商年度销售额的30%时，企业就要慎重考虑，是否要把供应商作为新项目的首选供应商。从风险管控的角度来看，如果业务量占比超过30%~50%，供需双方就可能产生过度依赖关系。在这种情况下，一旦供应商遭遇生产经营或其他意外风险，就可能导致企业的供应链中断，后果严重。

当然，除了控制在供应商业务量中的占比之外，企业还要关注供应商是否存在其他客户依赖情况，并深入研究相关的风险预警机制。

## 十一、专业的项目团队

专业度较高的供应商通常会成立专门跨职能团队，具体负责某个客户的业务或某个项目，且跨职能团队的配置会随着客户的要求而水涨船高。具体而言，供应商团队成员的专业胜任能力、沟通协调能力、行业经验、客户服务意识等，是保障项目顺利进行的重要因素。

## 十二、社会责任感

随着社会经济的飞速发展，越来越多的企业意识到了社会责任感的重要性，企业在以身作则的同时，也要求供应商积极承担社会责任，促进经济的可持续发展。采购人员可以从以下几个方面来考察供应商的社会责任感。

➢对员工的保护。禁止非法雇用童工或未成年人，不可强迫员工无条件加班，更不能随意解雇员工。有社会责任感的企业会充分保护员工的隐私，为员工提供安全健康的工作条件和休息环境。

➢对环境的保护。企业的产品及原材料必须符合环保要求，工厂生产必须做到节能减排，废气污水的排放必须满足相关标准要求。

➢对客户的保护。供应商对其客户的保护主要体现在商业道德方面，供应商必须诚信廉洁，进行公平竞争。

看供应商有无社会责任感，除了结合供应商提供的相关资料进行分析外，采购人员还需进行实地考察、通过第三方平台查询，了解供应商近几年有无发生劳资纠纷、有无因环保或诚信问题而被相关部门处罚。

简洁版的供应商评估与选择打分表如表 2-1 所示，采购人员可以因地制宜、自主选取相关指标，并根据重要性来设置单项分值和权重。

**表 2-1 供应商评估打分参考表**

| 序列号 | 参考标准 | 权重（%） | 供应商 1 | | 供应商 2 | | 供应商 3 | |
|---|---|---|---|---|---|---|---|---|
| | | | 单项分数 | 权重分数 | 单项分数 | 权重分数 | 单项分数 | 权重分数 |
| 1 | 交货期和交货频率 | | | | | | | |
| 2 | 产品及其模具报价 | | | | | | | |
| 3 | 年度降价计划 | | | | | | | |
| 4 | 质量稳定性 | | | | | | | |
| 5 | 生产能力 | | | | | | | |
| 6 | 研发能力 | | | | | | | |
| 7 | 服务能力或配合度 | | | | | | | |
| 8 | 财务因素 | | | | | | | |
| 9 | 供应商的地域性 | | | | | | | |
| 10 | 业务量占比 | | | | | | | |
| 11 | 专业项目团队 | | | | | | | |
| 12 | 社会责任感 | | | | | | | |
| | 合计 | 100% | | | | | | |

采购人员在选择供应商时，要综合考量各项标准，从长远发展的角度权衡利弊，选择与企业发展匹配的优质供应商。行业内的龙头供应商由于已经功成名就，大都有一定的优越感，不好驾驭，不利于双方的长期合作。因此，采购人员不妨多留意处于行业内第二梯队的潜力供应商。这类供应商蓄势待发，更具提升空间。当然，客户选择供应商的过程，也是供应商选择客户的过程，双方是彼此成就的关系。

## 第四节　五招应对客户指定的供应商

几乎所有的供应商都是采购方自主选择的，但有一些特殊的供应商，是随客户一起的，是客户指定的供应商。提起“客户指定”，很多采购人员往往会条件反射地认为，这样的供应商很难管理。要管理好客户指定的供应商，采购人员要学会五招，具体如图 2-5 所示。

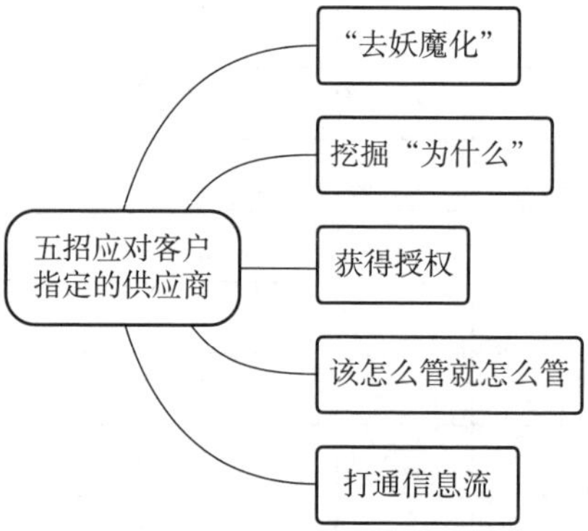


**图 2-5　五招应对客户指定的供应商**

第一招：“去妖魔化”。

采购人员首先要在认知上“去妖魔化”。其实，大多数客户指定的供应商，并没有传说中那么可怕，其本质还是供应商，是客户指派来配合企业的供应商。对于企业的客户来说，企业是一级供应商，客户指定的供应商是二级供应商，大家共同的目标是一起服务好客户。所以，面对客户指定的供应商时，采购人员须放平心态，不卑不亢，该怎么管理就怎么管理。

第二招：挖掘“为什么”。

客户指定供应商，通常都有背后原因。作为一级供应商，采购人员一定要与客户进行深入沟通，了解客户指定供应商的主要原因。客户通常在以下几种情况下会指定供应商。

➢战略合作伙伴型供应商。战略合作伙伴，一般会签署期限较长的框架合作协议，在产品研发阶段就会开展紧密合作。例如，欧美的一些跨国企业，一般会指定核心零部件供应商。在这种情况下，客户和其指定的供应商之间，通常在价格、质量、交期等方面已达成协议，企业只需按照协议下单购买即可。

➢瓶颈供应商。这类供应商大都属于独家供应模式，有时客户也不愿意指定供应商，但苦于没有更好的选择。在这种情况下，若能帮客户解决这方面的痛点，则会深化企业和客户之间的合作。

➢一般供应商。也有一部分实力一般的供应商，因为某些特殊原因而被客户指定。在这种情况下，采购人员见机行事即可。

第三招：获得授权。

在了解了客户指定供应商的具体原因后，采购人员须与客户明确权限范围，除客户和其指定的供应商直接付款交易之外，采购人员要取得客户方的书面授权，以确定权责范围。同时，客户要和指定供应商明确三方之间的合作关系及责任划分，避免后续的纠纷或推诿。

第四招：该怎么管理就怎么管理。

客户指定的供应商，即使已通过了客户的审核，也应按照企业的标准进行准入审核，并按同级别供应商的管理方式进行管理。至于具体如何审核，某些环节要不要简化，采购人员可以根据相关物料的重要程度和采购频率等灵活决定。另外，客户指定的供应商一旦进入了企业的供应系统，就免不了被拿来和现有的供应商进行对比，这对采购工作有很好的促进作用。

第五招：打通信息流。

对于企业与客户指定的供应商之间沟通的相关内容，采购人员应该及时告知客户，确保三方之间的信息流畅通，尤其针对审核、质量、价格、交期等信息，不可大意。如此，一方面可以体现企业对指定供应商的管控能力；另一方面将相关重大事项及时告知客户，或者及时安排三方会谈，对客户指定的供应商来说，也是一种监督。

总之，客户有客户的供应网络，企业有企业的供应资源，面对客户指定的供应商，采购人员要做的，就是始终以客户的利益为核心，把该管理的事情管理到位，把该传递的信息传递给客户和供应商，确保信息全程畅通。采购人员要相信，客户也不愿意让指定的供应商成为供应链上的短板。如果客户指定的供应商具有独特优势，则可以为企业开拓更多的合作机会，有利于企业引入了新的供应资源；如果客户指定的供应商不具有竞争力，那么解铃还须系铃人，只要采购人员做好以上各项工作，帮助客户寻找合适的替代供应商，客户自然会在必要时做出合理的选择。

# 第三章　合同管理

采购类合同是鉴证企业采购工作的重要法律文件，很多采购人员对合同管理存在认知误区，未能真正认识到合同管理的价值。由于企业的法务人员不熟悉具体采购业务，无法掌握合同缔约中的细节，无法对相关业务条款的合理性和可行性进行有效审核。这就要求采购人员对采购类合同进行商务评审，积极推动并监督合同的履行，为企业的稳健发展保驾护航。

## 第一节　聚焦与采购相关的合同

企业的合同种类繁多，但采购人员只需要重点关注以下几种合同：①合作框架协议；②产品采购合同；③采购订单；④保密协议；⑤诚信廉洁合作协议；⑥产品责任保险合同。与采购密切相关的六种合同如图 3-1 所示。

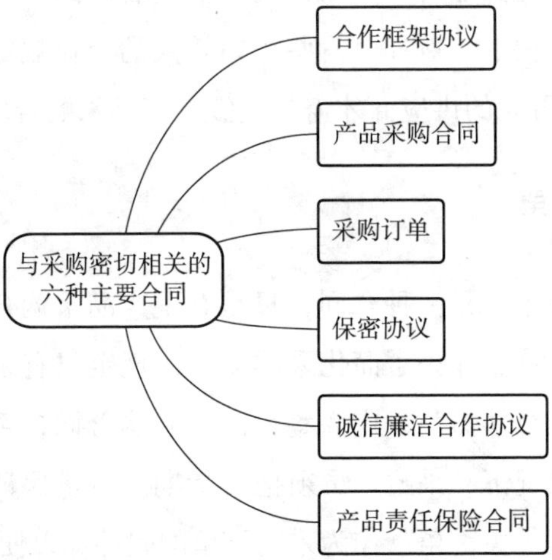


**图 3-1　与采购密切相关的六种合同**

## 一、合作框架协议

合作框架协议，俗称“框架合同”，主要针对供需双方长期或复杂的业务关系，为供需双方的商务合作提供基本框架和基础条件的合同。合作框架协议最早为跨国公司采用，现已广泛应用于国内企业。虽然合作框架协议并不向供应商承诺任何具体业务，但其具有通用性，适用于企业的所有项目或产品。每个通过审核进入合格供应商名录的供应商，都需要签署由采购方提供的合作框架协议；否则，无法推进后续项目。可以这样理解合作框架协议，合作框架协议的签订，如同为企业和供应商关系的确立加盖了“公章”，让供应商拥有了合作伙伴的身份。一个供应商无论参与采购方的多少项目，通常只需签署一份合作框架协议。合作框架协议期限较长，通常为3~10年。

## 二、产品采购合同

产品采购合同是实现采购需求的重要法律文件，与合作框架协议不同，产品采购合同通常针对具体产品项目，供应商和企业合作几个项目，就要签署几份采购合同；而合同的期限主要取决于项目或产品的生命周期。在实践中，企业并非与所有的供应商都签署产品采购合同，采购人员需参照企业的具体要求。例如，一些规模较大的企业规定，每年采购业务量不含税超过10万元的供应商才需与其签署产品采购合同。

## 三、采购订单

采购订单实际上也是一种合同，只是有了产品采购合同，订单的合同属性被弱化了。一些企业为了简化采购流程，规定只有采购业务量超过某一限额时，采购人员才需与供应商签订产品采购合同；否则，只需采购订单即可。在这种情况下，采购人员须把交货期、质量保证、价格约定、付款条件、违约责任等关键条款作为采购订单的附件，以便降低采购风险。

## 四、保密协议

随着企业知识产权保护意识的提高，保密协议几乎成了采购人员询价的标配协议。保密协议保护的是商业秘密，为此要在保密条款中界定商业秘密的具体范围，并对违反保密义务承担的违约责任做出明确规定。例如，采购人员若按图纸给供应商报价，就要在向对方发出图纸信息之前，与其签署保密协议，并在保密协议中注明相应的图纸信息。

## 五、诚信廉洁合作协议

诚信廉洁合作协议是预防商业贿赂和不正当竞争的专门协议。企业要求供应商签署诚信廉洁合作协议，是向供应商明确表态，要长期合作，必须诚信廉洁，不得有任何违规行为，否则后果自负。另外，除了约束供应商外，签订诚信廉洁协议也有助于强化企业各部门的合规意识，打造廉洁高效的工作氛围。

## 六、产品责任保险合同

很多跨国企业要求供应商提供产品责任保险，保额通常要求为 100 万~1000 万元人民币。排除用户操作不当或故意等因素，当供应商生产的零部件或产品在正常使用过程中，给用户或其他人造成人身伤害或财产损失，由保险公司负责赔偿受害人的相关损失，供应商不至于因此遭受重大经济损失而影响日常生产经营。当然，企业可以要求供应商将之添加为共同被保险人，相当于供应商为企业专门定制了一份产品责任保险。

产品责任保险的保障期通常为 1 年，为此，采购人员要提醒供应商及时续保，并提交续保的保险合同副本。另外，为了确保供应商每年按时购买产品责任保险，企业在和供应商签订产品采购合同时，可以把产品责任保险作为强制要求写进合同，预防供应商合作期内不续保。

需要特别注意的是，以上几种合同，除了产品责任保险合同是由第三方保险公司提供之外，其他的合同一律由采购方提供。

# 第二节　合同管理的关键事项

一份相对完善的采购合同，可以有效保障产品质量、产品数量、产品按时交付，最大限度地帮助企业规避经营风险和法律风险。很多采购人员喜欢“拿来主义”，使用所谓的合同范本，进而为后期维权留下隐患。一些采购人员直到合作双方产生纠纷时，才发现签订的合同根本无法保障企业的合法权益。究其原因，在于采购业务各具特色，没有一份采购合同可以让采购人员一劳永逸。作为主要责任人，采购人员需要详细梳理合同中与项目密切相关的重要条款，积极主动承担合同起草、谈判、签订、履行、纠纷处理等合同管理责任。合同管理可以分为两部分：一是签订之前的合同管理；二是签订之后的合同管理。

## 一、签订之前的合同管理

在采购合同签订之前，合同管理的重要事项包括：①合同编码管理；②合同有效期；③质量标准条款；④违约责任条款；⑤重要变更条款；⑥年度降价条款；⑦绩效目标条款；⑧业务转移条款；⑨代表人条款；⑩签字与盖章。

### 1. 合同编码管理

合同编码的唯一性。合同编码即合同的身份号码，其基本特征就是唯一性，尤其对于跨国企业或集团公司来说，必须确保合同编码的唯一。作废合同的编码应随之作废，不建议重复使用。一是方便后续的追溯和审核；二是每个作废的编码背后都有一段失败的业务，可提醒采购人员总结经验教训，提升工作成效。

合同编码由谁编制？在实践中，各职能部门按照企业的统一编码规则，自行编制合同编码。由专门负责合同管理的采购人员，根据新的合同创建并管理采购合同的编码。

合同编码怎么编制？企业部门众多，业务繁忙，几乎每天都有新合同要准备，如何编码才能保证不重号、不漏号？有一个合同编码八字诀——“时空类推，从大到小”。这里的“时”代表时间范围，“空”代表空间范围，“类”代表具体合同类别和产品类别。采购人员可以把一个完整的合同编码分为前、后两部分。前半部分代表空间范围和具体类别，空间范围从大到小，如从集团公司到分公司，再到各部门，再加上具体合同类别和产品类别，就构成了合同编码的前半部分。编码的后半部分，为时间范围，从大到小，即年、月、日。

举例来说，A 集团公司有 10 个分公司，每个分公司都设有采购部，则 B 分公司的产品采购合同编码可以用“AB-P-2XYZ-20220101-01”表示。其中，“A”代表 A 集团；“B”代表 B 分公司；“P”代表采购类合同（Procurement）；“2”代表产品采购合同，不是框架协议或其他合同，“XYZ”代表具体产品类别，这是编码的前半部分。编码的后半部分“20220101-01”，表示此合同是 2022 年 1 月 1 日的第 1 份合同。当然，每家企业都有其编码规则，示例仅供参考。

2. 合同有效期

对于合同，采购人员除了要关注生效时间、履行情况外，还要关注失效时间。尤其是含有附件的合同，采购人员要分别记录合同和附件的有效期，同步跟踪。一般来说，产品采购合同的有效期是三年，作为合同附件的产品报价清单的有效期可能是一年或两年。所以，在合同有效期内，产品价格的有效期一旦届满，就要及时更新作为附件的价格清单。在实践中，采购人员可以从合同到期的前三个月开始，设置倒计时提醒，以便及时启动合同续签或价格续谈事宜。

3. 质量标准条款

虽然质量条款是最容易引起争议的合同条款，但大部分由产品质量问题引发的责任纠纷，都能通过严密的质量标准来预防。采购人员需要多角度把控此项条款，尽可能明确各项质量要求以及检测标准，降低潜在的产品质量风险。

➢各层级的质量标准。提到质量标准，企业有企业的标准，行业有行业的标准，国家有国家的标准，从企业标准到国家标准，范围越来越宽泛、越来越全面。因此，采购人员在企业的质量标准基础上可以特别声明，质量验收标准并不限于企业列示的质量要求，其他相关未明确列示的质量标准，一律按照同类产品的行业及国家标准执行。如果有可能，尽量列示相关标准的具体代码，避免产生争议。如果产品涉及出口，最好把出口目的地国家的相关标准包含在内。

➤抽检验收。少数供应商在采购人员反馈质量问题时，可能辩称既然产品之前已通过了批次抽样检验，就代表质量合格。针对这种情况，采购人员可以在质量条款中明确规定：即使供应商的产品或零部件通过了进料抽样检验，也不能豁免供应商对相关产品或零部件的质量保证责任，因为产品质量的隐性瑕疵在抽样检验中不一定能及时发现。

4. 违约责任条款

违约责任条款是保障合同如约履行的重要条款。采购合同的违约责任条款，主要针对质量违约、数量违约、交货期违约等问题。违约责任条款应该明确规定违约金或赔偿金的计算方法，以便切实追究违约方的违约责任。例如，采购人员可以在合同中明确约定，对于产品质量问题，供应商需要承担的相关费用包括但不限于返修费用、退货或换货费用、产品的全检费用、生产线被迫停机而产生的损失费用、因产品质量问题而引发的人身损害赔偿费用等，并列示每小时的人工费、停机损失费。对于交期违约，可以明确每逾期一天，收取产品价值多少百分比的违约金，并直接从当月的应付货款里扣除；若因此需要将货物运输方式从陆运或海运改为空运，则相关的物流费用由供应商承担。

5. 重要变更条款

采购合同的重要变更包括原材料、采购数量、采购价格、交货期、付款条件、违约金等条款的变更。以原材料变更为例，通常产品在量产之前，都要完成批量生产的审批流程（PPAP）。PPAP 一旦完成，产品所采用的原材料（包括品牌、牌号等）、生产工艺流程（加工设备、工艺文件等）等均不能随意变更。为避免供应商因为各种原因，在批量生产启动以后擅自更换原材料品牌、变更生产工艺，采购合同须注明，任何与产品相关的变更（包括但不限于原材料变更、生产工艺变更等），都必须在取得采购方的书面确认后，方可实施，并重新启动 PPAP 审批程序。即使供应商变更生产工艺是为了提高产品质量稳定性，也应提前取得采购方的书面许可。

6. 年度降价条款

为什么一定要把年度降价写进合同条款？因为年度降价对采购方来说举足轻重，且年度降价条款更能引起供应商的重视。订立年度降价条款的目的，在于促进供应商与企业通力合作，在成本控制方面取得实效。当采购人员通过减少现有供应商数量，提升采购份额，对供应商做整合时，年度降价条款尤为重要。

7. 绩效目标条款

设置绩效目标条款的主要目的是提醒供应商言必信，行必果，言行合一。通常，企业会根据绩效考核结果，对供应商给予相应的激励或惩罚。把具体的惩罚措施写进合同，不仅有利于惩罚措施的执行，还能起到一定的震慑作用。

8. 业务转移条款

为了促进公平竞争，在同等条件下，采购合同应该明确企业有从其他性价比更高的供应商处采购相同商品的权利。有时，供应商出于战略转型等原因，中止与采购方的合作，也会涉及采购业务转移。无论是何种原因导致的采购业务转移，企业和供应商均应本着诚信善意的原则，至少提前 3~6 个月书面通知对方有关中止合作事宜，并在业务转移过程中积极配合对方，妥善解决各种问题。

9. 代表人条款

为何设立代表人条款？主要原因是法定代表人或代表其签字的授权委托人，通常不负责合同的具体履行工作。这就需要通过代表人条款专门指定一个项目代表人，全权负责合同履行过程中相关事宜。在实践中，代表人通常是供应商的销售人员。将代表人的姓名、手机号码、电子邮箱等信息写入合同，既可以促进合同的履行，又具有授权意义；既方便取证，又能避免在出现争议时，对方借口推脱。当然，采购方的代表人信息也须写入代表人条款。

10. 签字与盖章

签字与盖章环节不容小觑，否则可能引发相关法律风险。

➢签字。签字指企业或供应商的法定代表人或其委托代理人的签字。根据供应商的营业执照信息，采购人员可确定供应商的法定代表人。若合同的签订人不是法定代表人，而是委托代理人，则应提供授权委托书，以规避无权代理、表见代理、越权代理等引发的法律风险。除了签字权限问题外，具体签名也值得关注。现在，很多企业的中国籍员工有英文名，尽管中国人签署英文名，不影响合同效力，可一旦出现纠纷，维权取证的过程就会变得更复杂。

➢盖章。盖章是确保合同效力的重要环节，通常必须使用企业的公章或合同专用章，不可使用财务章或其他专用章。公司的公章，对企业各项事务都是有效的；而合同专用章，顾名思义，是专门针对合同的盖章。需要特别注意的是，印章显示的企业名称，必须与合同的签订企业名称、营业执照显示的企业名称、收款企业名称一致。另外，合同除了需要签字、盖章外，还要加盖骑缝印章，以防合同中间页被抽换带来的法律风险。当然，如果合同带有附件，附件也应盖章。

➢签字与盖章。

◇ 如果合同签字与盖章条款为“本合同经双方签字盖章后生效”，这里的“签字盖章”默认为签字或盖章，即二者选一即可；

◇ 如果合同签字与盖章条款为“本合同经双方签字、盖章后生效”，这里的“签字、盖章”默认为签字和盖章，即两项同时具备才有效；

◇ 如果合同签字与盖章条款为“本合同经双方签字或盖章后生效”，则表明两项二选一即可。

当然，谨慎起见，无论什么类型合同，既要求有效签字，又要求有效盖章，以确保合同的法律效力。

➢签字日期。无论合同有没有签字日期，都不影响合同效力，但如果没有签字日期，合同的具体生效日期就不好确认。所以，一份完备的合同，必须具有有效签字、有效盖章、有效签字日期。

## 二、签订后的合同管理

合同签订后，采购人员要及时建立合同台账，积极监督合同的履行，并复盘合同管理中的经验和教训。

### 1. 合同台账与归档

合同签订后，采购人员要及时把合同的重点信息录入合同台账，并及时更新履行情况。需要录入的信息包括合同类型、编码、签订主体、签订日期、产品信息、交货日期、付款节点、生效日期、到期日期、履行进度等。

除了合同台账，合同归档也是合同管理的重要组成部分。合同原件通常由财务部保管，合同副本一般存放在采购部。为方便日常查阅，在归档时最好留存合同的电子版本。至于纸制合同的存档期，结合审计需要，企业通常把与采购相关的主要合同保存5~10年。

需要注意的是，与项目相关的供需双方往来重要电子邮件，也应随合同一并归档。

### 2. 监督合同的履行

监督合同的履行，目的是及时识别潜在风险，为企业的生产经营保驾护航。

在监督合同履行的过程中，采购人员要及时记录双方的履约进度，并保存好能够证明合同履约情况的原始凭证。一旦发现供应商存在违反约定的行为，采购人员要及时和供应商沟通，催促供应商立即采取补救措施，以免给企业造成重大损失。此外，采购人员要在合同履行过程中，协调企业各职能部门，共同推进合同履行进度。例如，提醒质量检验人员及时完成验收工作，以便及时发现问题、反馈问题、解决问题；提醒设计部门及时提供设计图纸和技术要求；提醒财务部门如约支付货款，避免供应商因为货款延迟而延期发货。

3. 复盘合同管理

合同履行完成之后，采购人员应及时启动复盘工作，对前期合同谈判中的焦点问题，以及合同履行过程中出现的纠纷进行归纳总结。同时，启动企业与供应商互评机制，一方面，对供应商的履约表现进行综合评价，作为新项目选择供应商的参考资料；另一方面，邀请供应商对企业在合作中的表现进行客观评价，以便持续改善，深化后续合作。

总的来说，合同管理的目的是防患于未然。在企业里，法务部门更多是从法律层面防范常规的法律风险，而与产品密切相关的供应风险，通常没有人比采购人员更清楚。因此，采购人员应根据合同履行过程中的具体问题，积极主动地与法务进行沟通，不断完善合同条款。同时，把握合同管理中的重要事项，通过完善的合同文本、高效的合同管理，降低供应风险、防范法律风险，让合同真正发挥实效，防患于未然。

# 第四章　供应商绩效考核与持续改进

企业通过对供应商的绩效考核，一方面为供应商提供了展现其实力的舞台；另一方面向供应商传递一个信息——你的努力我都看得到。供应商绩效考核的目的：一是确保供应商可以满足企业的供应需求，优化供应结构；二是要促进供应商之间的良性竞争，推动供应商持续改进，并通过供需双方的共同努力，发挥协同效应，提升企业的市场竞争力。

## 第一节　绩效考核指标 SMART 解析

绩效考核指标的制定，对企业和供应商来说很重要。一个高效的绩效考核指标，既可以促进绩效的改善，又可以预防问题的发生，而高效的绩效考核指标要符合 SMART 原则。

### 一、SMART 原则

SMART 原则，即目标管理模型，包含了目标管理的五个维度。在设置绩效考核指标时，采购人员需要考虑以下五个因素，不断优化绩效指标。

S（Specific）指目标必须明确，要求绩效考核指标必须具体，不能泛泛而谈；否则，无法考核。例如，“供应商的准时交货率越高越好”，就是不够明确的目标。因为没有具体设定准时交货率的参考标准，无法评判。相比之下，“供应商在 2022 年的每个月，96%<准时交货率<98%为及格，98%≤准时交货率<99%为良好，准时交货率≥99%为优秀”，就是具体而明确的有效指标。

M（Measurable）指目标必须可以衡量，既要求绩效指标有量化的数据支撑，又可得出目标是否实现的结论。例如，采购人员要考核准时交货率，设定的目标为“96%<准时交货率<98%为及格”。如果通过系统数据计算得出供应商在2022年1月的准时交货率为96%，这个数据反馈的结果是供应商在2022年1月的准时交货率不及格，必须立即采取改善措施。

A（Attainable）指目标必须可以实现，要求绩效指标既高于现实，又可以实现，兼具挑战性。设定的目标不会轻易就能实现，需要付出一定的努力才能实现。但如果供应商竭尽全力都不能实现，则说明目标定得过高，不切实际。例如，一个平时从不跑步的中年人，看了苏炳添在奥运会上历史性地冲进百米决赛，便给自己定下百米跑进9秒83的目标。这个目标虽然远大，但几乎不可实现。同样，如果绩效指标对所有供应商来说都遥不可及，那就形同虚设，毫无意义。

R（Relevant）指目标必须与其他目标相关联，要求供应商的绩效考核指标与企业的整体目标高度关联；否则就可能事倍功半，甚至做无用功。在实践中，我们可以把企业的整体目标，自上而下进行层层分解，得到逐级供应管理目标，据此设定供应商的绩效考核指标。例如，企业的首要年度目标是保证质量投诉为零。为此，采购人员可以协同质量人员，反向推导并设定具体的质量考核指标，以基层小目标来支撑上层大目标。

T（Time-bound）指目标必须具有时限性，从时间角度来考量绩效指标的设定，属于时间管理的范畴。任何一个指标，什么时候开始执行，什么时候必须达成，中间有哪些关键节点，都得有具体的时间规定，不能拖延。

例如，对重要供应商的年度绩效考核，需要分解到月度绩效考核，通过定期检查月度绩效考核指标的达成情况，督促供应商及时调整和改进，以便完成年度考核目标。

## 二、绩效考核指标解析

对于不同品类的供应商，绩效考核的标准和权重有所不同，如对于小批量、多品种的产品供应商来说，企业的考核点往往侧重于交货期或质量指标，价格指标的权重相对较低；对于大批量、标准化产品供应商来说，价格指标的权重相对较高。绩效考核指标通常分为定量指标和定性指标两大类。从实际操作角度来看，可以把绩效考核指标细分为八大类指标：交货类指标、质量类指标、价格类指标、服务类指标、生产技术类指标、财务风险指标、业务风险指标、社会责任与可持续发展指标，具体如图 4-1 所示。

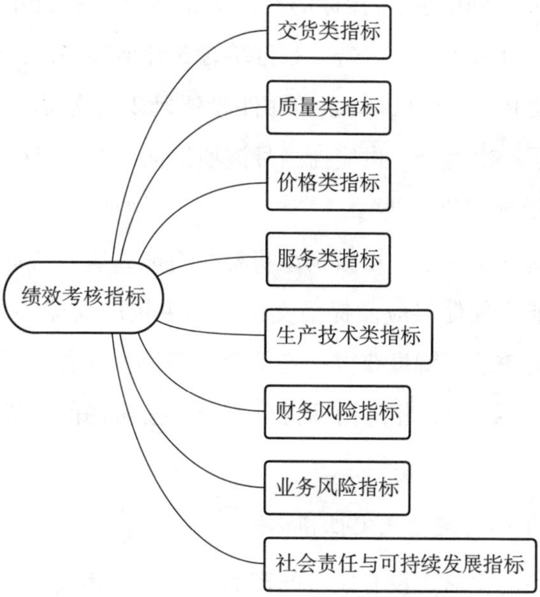


**图 4-1　八类供应商绩效考核指标**

1. 交货类指标（定量指标）

供应链最基本的功能是保证供应，所以交货类指标是分量最重的指标之一。交货类指标主要包括以下三类。

（1）准时交货率

准时交货率是供应商生产管理水平的直接体现。在实践中，准时交货率的统计方法多种多样。其中，应用较广的方法是在比较“企业要求的交货日期”和“供应商的实际交货日期”基础上，按照“实际按期交货总数/订单要求的交货总数”或“按时交货的订单行数/订单总行数”来统计准时交货率。举例说明，假设一张订单有100行，每行代表一种规格的产品，如果其中99行的产品都按期全数交货，那么这张订单的准时交货率为99%。

（2）订单拆分次数

有时，供应商不能把同一张订单里的所有货品都按时交货，而是分批交货，且有部分货品延迟交货，这就是订单拆分。例如，假设预先设定标准：订单拆分次数=0，此项指标的对应分值为5分；订单拆分次数≥1，此项指标的对应分值为零分。若一张订单含5种零部件，共计5000件，但供应商只按时交货4500件，其余500件要延迟2天交货。在这种情况下，这张订单出现了一次拆分，供应商当月该项指标的考核成绩为零分。

（3）按需提前交货次数

按需提前交货次数是一项激励型指标。有时，客户临时要求企业提前交货，企业只能去催促供应商提前交货。如果供应商能够积极配合企业，满足终端客户的需求，就可获得一定的绩效激励。例如，采购人员可设定“按需提前交货次数=1，相应指标得分5分；按需提前交货次数>1，相应指标得分10分”。

2. 质量类指标（定量或定性指标）

质量是产品的生命，没有质量的产品注定没有市场。常用的质量类指标主要包括以下几项。

（1）DPPM

DPPM是质量部门用来衡量供应商品质绩效的主要指标。采购人员可以结合企业的DPPM目标值，分区段设定DPPM的范围及相应分值，具体如表4-1所示。

**表4-1　DPPM及相应分值**

| DPPM数值范围 | 相应分值 |
| --- | --- |
| 3000以下 | 25 |
| 3001～10000 | 20 |

续表

| DPPM 数值范围 | 相应分值 |
| --- | --- |
| 10001～50000 | 10 |
| 50001～100000 | 5 |
| 100001 以上 | 0 |

（2）质量投诉次数

质量投诉既包括企业收到的涉及供应商产品质量问题的客户投诉，也包括企业检测出产品质量问题向供应商发起的投诉。质量投诉次数可以反映零部件在使用过程中或交付给客户后发生质量问题的频率。在实践中，采购人员可以根据企业对质量投诉的容忍限度，设定质量投诉指标。例如，质量投诉次数为零，相应得分为 5 分或 10 分；质量投诉次数超过 1 次，相应得分为零。

（3）质量体系

评估供应商的质量体系，最简单的办法是看其是否持有相关质量体系认证，如 ISO 9001 或 IATF 16949 等认证；同时，结合最近一次供应商质量体系审核评分，综合评定供应商的质量体系。

以上质量类指标的统计数据，主要是来自质量部的月报统计和质量审核。

3. 价格类指标（定量或定性指标）

（1）价格透明度

价格透明度主要看供应商能否按照采购方的要求，提供详细的分项报价，如果供应商愿意提供分项报价的细节信息，价格透明度就高。采购人员可以根据分项报价的细化程度，设定相应的分值。

（2）价格合理性

价格合理性主要考核供应商的报价相对于竞争对手的合理化程度。采购人员可以用多份有效报价的均价作为参考，或用分项价格对比的方式估算出最优价格，衡量各供应商报价的合理性。有时，供应商的报价虽然偏高，但由于生产技术、设计专利等因素的制约，采购人员暂时没有更好的选择，只能向报价高的供应商下单。

价格类指标的统计数据，主要由采购人员负责分析整理。如何设置价格类指标的整体权重，主要取决于价格和企业整体目标的相关程度。如果企业对采购价格极其敏感，价格类指标的权重就很大。

（3）成本管控

降低成本是采购人员永恒的课题，成本管控指标主要考核供应商有没有主动开展或积极配合采购方实施成本管控，且和采购方共享收益。

4. 服务类指标（定性指标）

（1）响应速度

响应速度主要考核供应商对询价、信息需求以及质量投诉等事项能否及时响应。例如，对于质量投诉，采购人员可以要求供应商在24小时内初步查明原因，并评估影响范围；在48小时内锁定根本原因，采取短期补救措施；在72小时内提供切实可行的解决方案和长效预防机制等。供应商如果能够完全满足采购方的相应要求，在响应速度方面就可获得满分。

（2）配合度

供应商的服务好不好，不仅要看其响应速度，还要看其整体配合度。例如，在发生纠纷时，供应商是否愿意承担相应的责任；对于订单的需求变更，供应商是否能够积极协调并满足采购方的相关要求；对于特别定制的小批量产品，供应商能否提供合理报价，并及时安排生产。在具体实践中，采购人员可以把相关考核点分项列示，根据各项需求的达成情况，赋予相应分值。

对于服务类指标，采购人员要主动获取研发、生产、质量等跨职能团队的反馈，同时结合与供应商合作的切身体验，综合评定供应商的服务水平。

5. 生产技术类指标（定性指标）

（1）技术能力

评判供应商的技术能力，除了要看供应商的独立研发能力外，更要看供应商是否愿意助力采购方的新产品开发，协助解决技术难题。有些供应商虽然技术能力很强，但不愿意助采购方一臂之力。供应商是否有能力和意愿参与新产品的早期研发，并且在其中发挥作用，对采购方来说尤为重要。

（2）生产能力

生产能力主要从两个方面考量：一是供应商的产能管理，看其能否有效利用产能，满足企业的订单需求。二是供应商的精益生产能力。提到精益生产，很多人会联想到丰田模式。其实，对于大部分企业来说，重要的不是照抄照搬丰田的一切做法，而是根据自身的实际状况，持续贯彻消除浪费这个理念。精益的本质就是尽可能消除浪费，从而达到提高效率的终极目的。

生产技术类指标都是定性指标，需要采购人员结合生产、技术等部门的反馈综合评定。

### 6. 财务风险指标（定性指标）

财务风险指标相对比较稳定，通常每半年或年度更新一次，主要参考供应商的财务报表和第三方信用报告。

（1）财务报表

采购人员可以要求供应商每半年或 1 年提供一次财务报表（资产负债表、现金流量表、利润表等），请财务部协助，对供应商的财务报表做出高、中、低风险评估，根据评估结果给予相应的分值。如果供应商借故不提供财务报表，则此项得分为零。

（2）第三方信用报告

除了评估供应商的财务报表外，采购人员还可以从第三方信用评估机构取得供应商的信用报告，基于信用报告给出的高、中、低风险提示，赋予相应的分值。

### 7. 业务风险指标（定性指标）

业务风险指标主要用于衡量供应业务在短期、中期、长期上的中断风险，采购人员可以从以下两个方面来考评。

（1）管理层频繁变动

“一朝天子一朝臣”，供应商管理层的频繁变动往往会导致其骨干人员的流失，直接影响供应商生产经营的稳定性，从而引发企业的供应中断风险。

（2）突发负面事件

无论是涉税问题，还是劳资纠纷，抑或是环保整顿等负面事件，都有可能让供应商名誉受损、生产受限，从而导致企业的供应中断。

8. 社会责任与可持续发展指标（定性指标）

社会责任与可持续发展指标，主要从环境保护、节能减排、人权保护、员工关爱等角度对供应商进行考核。采购人员可以逐条列出各项考核点，也可以根据供应商是否取得相关认证来评定，具体如下。

➢ISO 14001 环境管理体系认证；

➢SA 8000 社会责任管理体系认证；

➢ISO 14064-1 温室气体排放核查认证；

➢ISO 45001 职业健康安全管理体系认证；

➢ISO 50001 能源管理体系认证。

总的来说，供应商绩效考核是供应商管理不可或缺的重要环节，如果没有考核，绩效改进就无从谈起。在实践中，采购人员可以根据各项指标与企业目标的相关度，结合企业的资源现状，因地制宜，选择适合企业的指标进行供应商绩效考核。无论如何设置具体指标，都要和相关跨职能部门达成共识，同时要和供应商达成一致。需要注意的是，绩效考核指标在实践中是动态发展的，当大部分供应商都能轻松达标的时候，就是考核指标升级的时候。在持续的绩效考核面前，没有永远的王者，不进则退；升级或者降档，就看其是否全力以赴，持续改进。

无论是供应商评估审核标准，还是供应商选择标准，抑或是供应商绩效考核指标，都是一脉相承的。从评估审核，到选择，再到绩效考核，各项指标的口径越来越小，可操作性越来越强。供应商生命周期管理中的“喇叭原理”如图 4-2 所示。

**图 4-2　供应商生命周期管理中的“喇叭原理”**

## 第二节　绩效考核实施流程指南

供应商绩效考核的实施流程，其实就是围绕 5W2H 模型来回答问题，包括七大步骤：①确定绩效考核的指标和方法；②确定绩效考核的范围和频率；③信息和数据采集；④信息和数据处理；⑤绩效考核结果评定；⑥反馈绩效考核结果；⑦改善计划及实施。供应商绩效考核流程如图 4-3 所示。

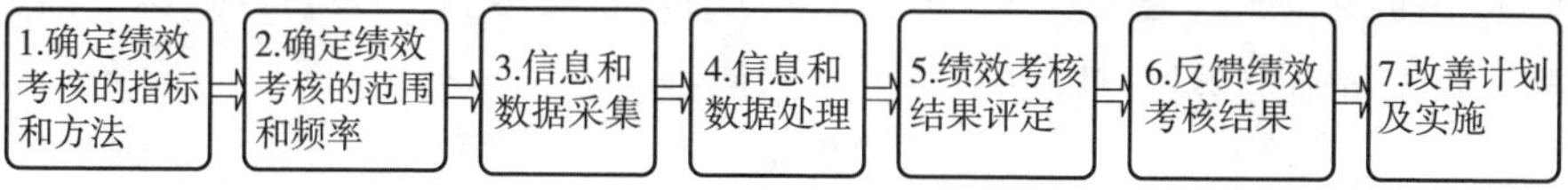


**图 4-3　供应商绩效考核流程**

### 第一步：确定绩效考核的指标和方法

确定绩效考核的指标和方法，解决的是考核什么，以及怎么考核的问题。具体而言，就是把每个绩效考核指标的名称、解析、评估方法、权重以及数据来源界定清楚。举例说明，要考核供应商的品质绩效，采购人员可以按以下方式确定考核指标和方法（以下数据仅供参考）。

指标名称：DPPM。

指标解析：反映供应商生产制造流程的品质控制能力。通常根据抽样检查的缺陷率，换算出 DPPM。

评估方法：DPPM≤2000（30 分）；

2000>DPPM≤30000（20 分）；

DPPM>30000（10分）。

指标权重：30%。

数据来源：质量部（QA）。

## 第二步：确定绩效考核的范围和频率

确定绩效考核的范围和频率，解决的是考核谁，以及什么时候考核的问题。

1. 绩效考核的范围

采购人员不可能对每个供应商都进行绩效考核。通常，采购人员只需要考核那些业务量超过一定金额，或者业务性质重要的供应商。

2. 绩效考核的频率

对于长期合作，且每月都有持续订单的重要供应商，通常每月考核一次，年度进行综合评定；其他非核心供应商，根据下单频率，可每季度或每半年考核一次。总之，把80%的精力用来管理考核20%的核心供应商，是采购人员确定考核范围和频率的基本原则。

## 第三步：信息和数据采集

信息和数据采集，解决的是由谁在什么时候，从哪里采集信息和数据的问题。

例如，本月的绩效考核结果要在下月15日前出炉，而信息和数据处理需要3~5天，信息的收集工作则须在下月10日之前完成。至于具体从哪里获取信息和数据，主要取决于数据类别，如质量类数据由质量人员负责准备。

总之，供应商绩效考核是个群策群力的系统工程，体现了供应商是整个企业的供应商，而不是采购部门的供应商。

## 第四步：信息和数据处理

信息和数据处理，解决的是由谁在什么时候、用什么方法完成信息处理的问题。通常谁负责收集信息和数据，谁负责处理信息和数据。至于处理过程的难易程度，主要取决于两个因素：一是信息和数据的完成度；二是评定结果输出形式的复杂度。

### 第五步：绩效考核结果评定

绩效考核结果评定，解决的是由谁在什么时候、以什么形式完成结果评定的问题。例如，负责供应商绩效考核的采购人员，最晚于当月 15 日，把上月的供应商绩效考核结果发送各品类的采购负责人。绩效考核结果的呈现形式，通常以 Excel 软件为主要处理工具，基于呈现信息的复杂程度，可能会涉及大量的函数运算，以及表格之间的数据调取，通常需要信息数字部门协助完成相关工作。

常见的绩效考核结果，就是根据各绩效考核指标的分值和权重，汇总得出综合评分，再根据综合评分标准，把供应商分为不同等级。

### 第六步：反馈绩效考核结果

反馈绩效考核结果，解决的是由谁在什么时候，把绩效考核结果发给谁的问题。

这项工作通常由和供应商对接的采购人员来完成。在采购部门内部，分工较细，有负责合同管理的，有负责订单管理的，有负责供应商审核的，还有负责绩效考核的等。但这些岗位人员一般只负责一部分工作，只有负责寻源的采购人员，几乎负责供应商管理的整个周期，供应商与企业之间的大小事宜，寻源采购人员必须了如指掌。反馈绩效考核结果，不仅是发个邮件给供应商就可以了，重要的是和供应商沟通讨论考核的具体结果，鼓励考核优良的供应商再接再厉，督促绩效不佳的供应商及时总结复盘，以便改进。

### 第七步：改善计划及实施

绩效考核的目的是发现问题，查明原因，制定改善方案，跟踪落实，实现持续改善。对于绩效考评结果不理想的供应商，如果连续几个月不达标，就要启动相关预案，如启动淘汰机制。

## 第三节　针对供应商的激励与惩罚措施

采购人员要以企业的绩效考核标准作为努力方向，把供应商划分为优选供应商、一般供应商、被动淘汰供应商、主动淘汰供应商等级别，并实施相应的激励或惩罚措施。

### 一、激励措施

对表现优异的供应商，给予一定的激励，使供应商拥有持续奋进的动力。常见的激励措施主要有以下几种。

1. 新项目优先权

对于绩效考核成绩优异的供应商，可享有新项目早期参与、报价或竞标等优先权利，在同等条件下，其创新技术或产品优先。

2. 缩短付款周期

对年度绩效优异的冠军供应商，可适当缩短付款周期，甚至可在供应商陷入短期资金周转困难时，伸出援手为其提供一定期限的无息借款。这对供应商来说，是一种难能可贵的支持。

3. 帮扶激励

绩效优异的供应商可获得免费的培训机会，向其提供生产管理改进、质量改善等专项帮扶，提高其竞争实力。有些供应商甚至可以参与联合开发项目，共享更多的技术信息，并获得一定范围的使用授权。

4. 荣誉激励

在企业的供应商大会上，为年度优秀供应商颁发荣誉证书，既有广告效应，也是对供应商品牌价值的一种肯定。如果采购方的品牌溢价很高，那么可在一定程度上提升供应商的品牌价值，帮助供应商吸引更多高质量的客户。

## 二、惩罚措施

常见的惩罚措施有以下几种。

1. 投标权限

与考核绩效优异的供应商相反，考核绩效不达标的供应商，在绩效考核达标之前，可能无权参与企业新项目报价或投标。

2. 黄牌警示

若供应商连续数月考核不达标，就会得到黄牌警示。

3. 红牌淘汰

供应商若连续数月考核不达标，就会进入红牌淘汰流程。在这个过程中，采购人员既要评估现有供应商是否还有潜力，又要估算替换供应商的成本，还要兼顾备选供应商的接盘能力，更要协调跨职能团队的各项资源。在做好完备的预案之前，不可轻易进入淘汰程序。

4. 延迟付款

如果供应商连续数月绩效考核不合格，则可以考虑延迟付款，待其绩效考核合格后，再恢复至正常的付款周期。

总的来说，针对供应商的激励与惩罚方案，需三思而行。方案一旦确定，就要严格执行；否则，难以引起供应商的足够重视。尤其是对于那些限期仍不能整改到位的供应商，除非确有客观原因需要延期，一律按照规定执行，及时启动淘汰机制。但激励与惩罚只是手段，根本目的在于促使供应商持续改进，跟上企业前进的脚步，协同发展。

# 第四节 供应商的持续改善

持续改善体现了 PDCA 模型循环往复、永不停息的理念，是供应商绩效考核的终极目的。从大方向来看，持续改善就是持续改进质量、持续改进交货期、持续改善成本。

## 一、质量改进

在供应商准入审核阶段，采购人员要全面了解供应商的质量管理水平。用心的采购人员或质量人员，应在准入审核阶段就开始记录供应商质量管控的弱点或盲区，为后续的持续改善积累资料。

和质量相关的持续改进，通常由供应商的质量和生产部门主导，提交改善计划供采购方审核，由采购方的质量人员进行培训指导、把控大局，采购人员辅助协调。此类改进通常以 PPAP 为主线，从预防和纠正各种质量问题入手，不断完善控制计划。质量改进涉及的文件主要有：产品全流程控制计划、失效模式和效果分析、作业指导书、检验指导书、产品的首件检测与性能测试等，都兼具指导性和可操作性。对于供应商来说，与其忙于制作各种花哨的质量报告，不如扎扎实实地完善这些基本文件，并严格落实。

当然，质量改进常态化，除了每月要固定召开供需双方质量沟通会外，还可以定期为供应商提供相关质量管理培训。总之，质量改进的基本原则，就是深入分析发生问题的原因，及时补上指导文件和操作流程上的漏洞，持续跟进。只有不断夯实基本功，才能确保产品质量的稳定。

## 二、交货期与成本改善

这里的成本改善，不是指广义上的降本方法，而是指供应商生产环节的成本改善。交货期与成本改善，离不开精益管理。要通过绘制详细的生产流程图，精准识别整个制程里能够为客户创造价值的环节，尽可能去掉不能产生增值的环节，即消除浪费，以达到改善交期和成本的双重目的。

在精益管理方面颇有成效的企业，一般拥有专门的精益改善项目组。项目组除了服务于企业内部的精益改善项目之外，还可帮助供应商进行精益改善。虽然精益改善的最终目的是缩短供应商的交货期、降低其成本。但成本究竟能降低多少，很大程度上取决于双方的合作深度。

至于应选择哪些供应商进行精益改善，企业需要考虑的因素主要包括：供应商的发展潜力、供应商的改善意愿、供应商所供品类的重要性、年度业务量，以及供应商距离企业的远近等。因为精益生产往往需要JIT配送（准时化配送），因此供应商距离企业越近越好，以便按需送货。

在实践中，一些企业尽管投入了大量人力对供应商进行培训指导，但由于人员变更、信任程度、执行力度等因素的制约，持续改善的效果往往不尽如人意。因此，只有供应商高层管理人员诚心改善，供应商团队全力以赴，企业发起的持续改善项目才有可能成功。同时，从供应商的视角来看，在持续改善过程中，需要采购方配合改进的地方，采购方应全力配合，如需要采购方培训指导时，采购方应积极回应。总之，唯有双向奔赴，持续改善才能成功。

# 第五章　供应关系管理

企业和供应商的关系，如同山间的溪流，时缓时急，时宽时窄，贯穿企业和供应商合作的整个周期。只要有合作，就有关系；只要有关系，就要维护、管理。这里所说的供应商关系管理，主要指管理企业和供应商之间的商务合作关系，而不是采购人员与销售人员之间的个人关系。同时，供应商关系管理重在主动管理，而不是被动地等着供应商汇报。

## 第一节　内部关系管理的八字秘诀

采购人员作为企业与供应商之间的主要联系人，肩负着协调内外关系的重任。采购人员要做好供应商关系管理，首先要协调好内部的客户关系，要和跨职能部门建立统一战线，这是对外建立和谐供应商关系的基础。

如何做好内部关系管理？一句话，采购人员在提高自身能力的同时，要放低姿态。具体要求如下。

### 一、能力要强

俗话说得好，“打铁还需自身硬”，说的就是要有能力。关系需以价值为依托。采购人员只有提升能力，让自己变强，很多问题才能迎刃而解。怎么变强？首先懂行，要言之有物，言之有理。

举例说明，从新产品开发到导入这段时间，研发部门与供应商要进行深入沟通。在这种情况下，如果采购人员不懂技术，让研发人员和供应商直接沟通，那么后果只有一个：出了问题只能由采购人员背锅。从新产品开发到导入这段时间，采购人员需要提前做功课，主动收集新产品可能涉及的技术信息、市场供应信息、价格信息等，甚至要和相关供应商了解新生产工艺的成熟度，以及可能面临的困难。细心的采购人员还会提前查询相关的行业术语，以确保在与研发人员、供应商讨论过程中，能及时抓住要点信息，并适时提出自己的想法或问题。例如，量产时新材料的稳定性如何保障？新材料的价格对产品成本的冲击有多大？新材料的最小起订量是否太大？交货期多长？量产中新技术对产品的合格率有多大影响，会不会增加产品总成本？这些问题，都是采购人员在新产品开发阶段应考虑的。研发人员和采购人员最大的不同在于：研发人员要做出完美的样品，而采购人员却必须把握好供应的大方向，确保批量生产的品质和交期，同时兼顾成本控制。如果采购人员在新产品导入之前，可以做好以上这些工作，研发人员就会觉得，这个采购人员是懂行的，从而为建立良好的关系定下基调。

面对内部的跨职能部门，采购人员必须提升专业硬实力，通过高效的跨职能沟通，增加自己的分量。

## 二、姿态要低

能力是一块踏脚石，要踏得稳、踏得久，就必须把姿态放低。对采购人员来说，“姿态要低”意指要谦虚、谨慎、善于请教。

在日常工作中，虽然我们强调采购人员必须成为懂行的通才，但论技术，采购人员比不过研发人员；论质量管理，采购人员比不过品质管理人员。不过，采购人员作为对接供应商的“总代理”，该学的还得学，不懂就要虚心请教。例如，采购人员不能对供应商的产品质量控制计划不闻不问，认为是质量部门的责任。其实，对采购人员来说，这恰恰是向质量管理人员讨教的良机。供应商的质量控制计划，本质上是供应商对采购方质量标准的精细解读，采购人员必须花时间研究。遇到不懂的问题，要虚心向质量管理人员求教；对于有争议的问题，可以提出自己的想法。

姿态要低，就要谦虚好学，善于请教。采购人员不负责技术开发，不需要知道如何利用软件画复杂的产品设计图，但采购人员要向研发人员学习，懂得抓取图纸反映的重点信息，确保报价的准确度；采购人员不负责产品质量，不需要准备各种质量文件，但采购人员要向质量管理人员学习，要了解产品的质量标准，避免在发生质量责任纠纷时不知所措；采购人员不负责生产管理，不需要安排各种工序和排产计划，但采购人员要向生产人员学习，深入了解生产布局；采购人员不负责财务管理，不需要进行各种财务预算和制作财务报表，但采购人员要向财务人员学习，学会解读供应商财务报表，洞察可能引发的供应风险。只有通过不断学习，采购人员才能和企业内部的生产、研发、质量、财务等跨职能部门有效沟通。

总之，采购人员要处理好内部跨职能部门之间的关系，不仅要提高自己的综合能力，还要放低姿态，以企业的核心利益为纽带，通过高效沟通，打破部门间的壁垒，实现内部协同。

## 第二节　供应商关系管理三步法

要处理好企业和供应商的关系，采购人员首先要对彼此的关系进行全面分析与定位。如何定位与供应商的关系？为此，必须抓住本质，看清企业能给供应商什么，供应商又能给企业什么。从产品分类，到定位供需双方的关系，再到制定供应商关系管理策略，通过三步法管理好企业和供应商的关系，具体如图 5-1 所示。

**图 5-1　三步法制定供应商关系管理策略**

### 一、产品分类（卡拉杰克品类矩阵）

要想知道企业能给供应商什么，就必须知道企业有什么。因而，要对产品进行分类，找到合适的供应商。说到产品分类，就不能不提卡拉杰克品类矩阵，卡拉杰克品类矩阵对采购管理具有里程碑的意义。卡拉杰克品类矩阵如图 5-2 所示。

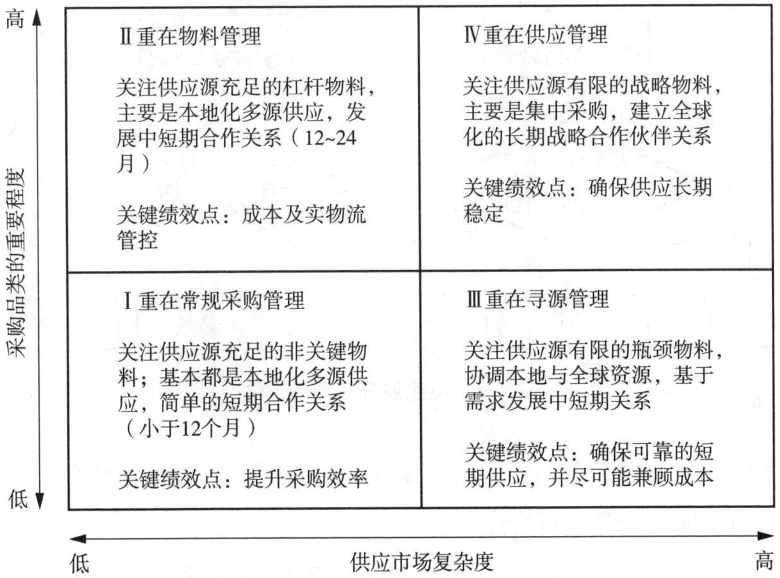


**图 5-2　卡拉杰克品类矩阵**

在卡拉杰克品类矩阵中，横轴代表供应市场复杂度，主要参考因素包括：①市场竞争是否充分，是否存在垄断情形；②技术更新换代的速度；③供应市场的进入障碍；④物流成本及物流运输的复杂度；⑤其他。矩阵的纵轴代表采购品类的重要程度，主要参考因素包括：①产品采购成本占总成本的比重；②附加值；③对利润的贡献；④其他。

采购人员不可小觑其他因素，正是因为卡拉杰克品类矩阵为横轴和纵轴提供了多种考量因素，企业才得以根据自己的实际需要，自由搭配，衍生出适合企业自身情况的卡拉杰克品类矩阵，并制定相应的品类管理策略。例如，最简单有效的方式是把可选择的合格供应商数量和采购金额作为主要参考因素，同时结合“80/20”法则及所采购物料与企业核心竞争力的密切度，快速做出产品或品类初步划分。具体操作如图 5-3 所示。

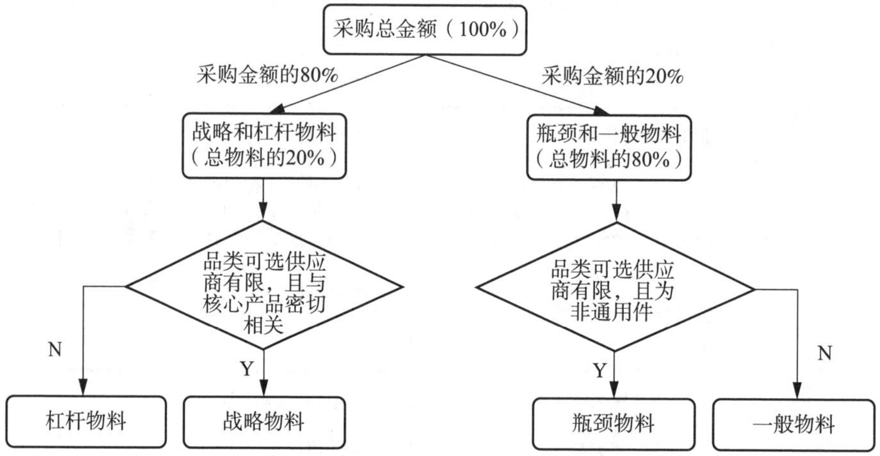


**图 5-3　快速划分品类的方法**

首先，汇总过去 12 个月内所有物品的采购清单，按照采购金额从大到小，对所采购的物品进行排序。

其次，根据“80/20”法则，采购总金额的 80%通常用在 20%的产品或零部件上，而这 20%的产品或零部件，基本可以覆盖战略物资和大部分杠杆物资，因为战略物资和杠杆物资的采购量较大，采购金额相应也较大。当然，不同企业采购的分散度和产品多样度不同，“80/20”法则并不绝对适用。但如果企业的采购金额/采购物料比例接近均衡，如 80%的采购金额用在 75%的产品或零部件上，则表明企业的采购业务过于分散，或产品过度多样化。

再次，占采购金额 80%的 20%采购物料里，哪些属于杠杆物资，哪些属于战略物资？采购人员可以设置可选供应商的数量指标来反映供应市场的竞争态势，也可以同时设置具体的采购金额门槛或其他条件。例如，在 20%的采购物料里，那些可选供应商有限（如少于 3 个），且与企业的核心产品或核心竞争力密切相关的物料，就是战略物资；否则为杠杆物资。

最后，在锁定战略物资和杠杆物资后，剩余 20%的采购金额对应的 80%物料，主要覆盖了瓶颈物资和常规的非关键物资。因为瓶颈物料的采购数量有限，且要求比较高或比较特殊，有能力做且愿意做的供应商很少；而常规的非关键物资尽管数量可能不少，但价值低。据此，采购人员很容易从80%的采购物料中把瓶颈物料和常规的非关键物料识别出来。

这里需要特别说明一下，考虑到直接采购和间接采购本质上的巨大差异，在实践中，采购人员可以分别运用卡拉杰克品类矩阵对直接采购和间接采购进行品类或产品定位。原因在于，尽管在直接采购人员的眼里，间接采购似乎没有那么重要，但间接采购到底重不重要，还要看数据。根据麦肯锡的采购管理咨询实践，企业的间接采购支出占整体采购支出的比重，不同行业有很大差异。例如，在消费品、科技和先进制造业，间接采购成本占比为10%~20%；而在能源与材料，以及医疗行业，间接采购的成本占比甚至高达30%~40%。因此，只有给予直接采购和间接采购同等的重视，才能激发间接采购人员的能量，真正实现全品类采购管控。

总的来说，卡拉杰克品类矩阵最大的意义在于无论身处哪行哪业，我们所要采购的产品或服务，基本上都能在战略、瓶颈、杠杆和非关键四个类别中找到其位置。

## 二、定位供需双方的关系

我们把采购物资按照战略、瓶颈、杠杆和非关键进行分类，并不代表其背后的供应商也为同类型的供应商。要对企业和供应商之间的关系进行定位，还要综合考虑供应市场因素，考虑我们对供应商来说是“轻如鸿毛”，还是“重如泰山”。在实践中，采购人员通常把供需双方的关系分为三类：战略合作伙伴关系、重要合作伙伴关系和一般交易伙伴关系，具体如图5-4所示。

1. 战略供应商（战略合作伙伴关系）

我们可以通过哪些因素识别战略供应商？具体可通过以下六个因素来识别。

（1）战略物资

战略物资是核心产品或重要产品的核心部件，对企业的核心竞争力影响重大，支撑企业的主要利润增长点。通常，综合能力强或掌握关键资源的供应商可能只有2~3家，市场上的供应资源有限。

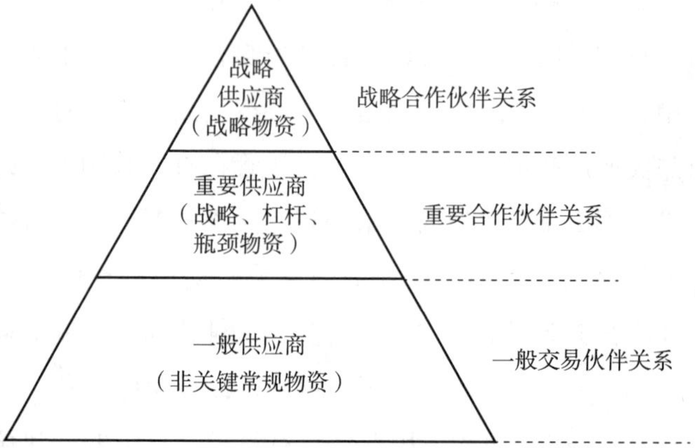


**图5-4　三种典型的供应关系**

（2）年采购金额

战略物资的年采购金额对企业来说占比较大，通常在15%以上。

（3）业务类型匹配

业务类型匹配指企业采购的产品属于供应商的主营业务，或者是供应商在中长期战略规划中重点开发的业务板块。

（4）业务量匹配

企业的年采购金额在供应商处的业务量占比，必须达到一定的级别，如至少15%以上。如果企业的采购量较小，对大体量的供应商来说没有什么影响，双方就不可能达到战略合作的高度。甚至可以说，没有一定规模的采购量，战略合作无从谈起。

（5）供应商切换成本高

战略供应商通常综合能力很强，同时在某些方面独领风骚，如在某项技术或服务方面独具特色，其他供应商在短时间内很难效仿。由于切换成本过高，除非供应商去意已决；否则在时机成熟之前，采购方通常不会主动切换战略供应商。

（6）经营理念契合度

企业和供应商的战略规划、管理理念、核心文化等是否合拍，双方高层人员是否趣味相投、英雄相惜，这些都是影响双方战略合作关系的重要因素。

总的来说，企业和战略供应商之间，是一种优势互补的关系。你有的我没有，我有的你也没有，优势互补，“1+1>2”。例如，当初的富士康之于苹果，苹果有一流的品牌和设计，富士康有强大的生产和组装实力，双方进行战略合作，可以成就彼此。

2. 一般供应商（一般交易关系）

一般交易关系具有以下几个特征。

（1）非关键常规物料

一般供应商提供的基本都是标准通用件，如标准紧固件等非关键常规物料。

（2）采购金额小

产品价值低，采购金额相对较小。

（3）供应市场竞争充分

市场中存在大量可供选择的供应商，供应商切换成本可忽略不计。

3. 重要供应商（重要合作伙伴关系）

在合格供应商清单上，除了已经识别的战略供应商和一般供应商之外，其余的供应商都是重要供应商。

作为供应商群体中的中坚力量，重要供应商主要有三个来源：战略物资供应商、杠杆物资供应商、瓶颈物资供应商。

➢由于各种原因，企业无法和部分战略物资的供应商达成战略合作伙伴关系，只能与之建立重要合作伙伴关系。

➢杠杆物资由于采购数量大，采购金额也大；同时，供应市场竞争相对充分，可供选择的供应商数量众多，供应商切换成本低。

➢瓶颈物资主要是定制的非标准件，需求数量少，采购金额通常比较小。例如，特别尺寸或性能特别的钢材，由于要求特殊，有加工能力的供应商数量少，加上需求数量少，有加工意愿的供应商更少。

总的来说，在实践中，采购人员可以把品类划分和合格供应商清单结合起来，基于“80/20”法则，确定20%左右的供应商为战略供应商和重要供应商，80%左右的供应商为一般供应商。当然，关系是动态发展的，在实际采购业务中，随着合作关系的变化，在80%的一般供应商里，部分供应商可能升级成为重要合作伙伴，而在20%的重要供应商里，也可能有一些供应商逐渐跌落为一般供应商。

## 三、制定供应商关系管理策略

在梳理清楚供应商的关系后，采购人员可以有的放矢，制定相应的关系管理策略。

### 1. 战略合作伙伴关系管理策略

战略合作伙伴关系管理的关键词是“发展”和“双赢”，目的是齐心协力，把现有的蛋糕做大，而不是纠结于如何分配现有的蛋糕份额。战略合作伙伴通常都要签署战略合作协议，基本为单一源供应，且是全球供应。战略合作伙伴关系的日常维护主要体现在以下几个方面。

（1）高层管理人员定期会晤

通过每半年一次的高层管理人员互访，供需双方可交流行业最新信息和各自的投资发展规划，了解可以开展早期合作的重大项目。

（2）中层管理人员季度复盘

高层管理人员主要从战略角度来为彼此的合作定下基调，而中层管理人员则通过每季度的定期复盘，贯彻高层管理人员的指示，协助解决双方日常合作中出现的各种问题。

（3）基层人员月度会议

除了基于业务关系对供应商进行分类外，很多企业会根据月度绩效考核结果，对供应商进行分级。例如，绩效优异的供应商为A级，绩效良好的供应商为B级，绩效及格的供应商为C级。尽管企业对战略供应商的期望很高，但战略供应商的绩效考核结果可能是A级，也可能是B级，甚至可能为C级。为此，企业要根据月度绩效考核结果，有针对性地和供应商沟通绩效考核的相关事项，合力推进改善重点项目。

（4）每周新项目开发会议

战略供应商通常在新项目早期开发中发挥关键作用，尤其是在材料选型和工艺制程方面，贡献很多建设性意见或建议，从而确保新产品从设计阶段就兼顾成本和批量生产的需求。通过每周的新项目开发会议，企业可以更好地掌控项目进度和工作效率。

（5）每周信息共享

根据战略合作协议，战略合作伙伴每周要分享库存信息、最新的产品需求，包括大客户项目的需求预测、特殊要求等，以便供应商及时调配产能，更好地满足市场需求。

总的来说，战略合作伙伴关系是基于高、中、基层人员全面对接、面向未来共赢的密切协作关系。不过，战略合作伙伴关系要预防“过犹不及”，如果业务量占比已经达到供应商整体业务的30%~50%，那么采购人员必须及时向高层汇报潜在的相关风险，并提供相应的风险预案。

2. 重要合作伙伴关系管理策略

重要合作伙伴关系管理的关键词是“合作”和“发展”，在维护合作关系的同时，选拔有潜力的供应商，为日后发展为战略供应商做好准备。

（1）杠杆物资的供应商

杠杆物资由于采购量大，生产或组装难度比战略物资低，所以供应市场竞争相对充分。如果说战略物资主要从设计上来降低成本的话，那么杠杆物资除了要降低设计成本，还可以通过引入新供应商或调整订单的分配比例来刺激竞争，达到降低成本的目的，因而杠杆物资是降低采购成本的重点领域。因为有充足的备选供应商，企业和杠杆类物资供应商之间的关系虽然重要，但双方一般签订为期1~2年的中期合同，目的是可适时转换供应商。总的来说，企业和杠杆物资供应商为发展合作关系，只有供应商整体绩效良好且能帮助企业降低成本，双方的关系才能稳固；否则，企业随时可转向备选供应商。

（2）瓶颈物资的供应商

瓶颈物资，通常是指有特殊要求的定制件，需求数量少，有能力生产且愿意生产的供应商很少。对于瓶颈物资，采购人员的首要目标是保证供应，其次是质量，最后才是价格。除非企业是供应商要重点发展的行业潜在大客户；否则，负责瓶颈物料的采购人员，通常都得看供应商的脸色行事。所以，在和这类供应商合作时，采购人员要破解被动局面，就必须主动出击，争取用其他物料替换瓶颈物料。

3. 一般交易关系管理策略

一般交易关系管理的关键词是“合作”。一般交易大都是指短期或低频交易，交易双方通常为单纯的买卖关系，并不需要花费太多精力去维护或发展。由于市场竞争非常充分，几乎没有切换供应商的成本，采购人员的工作重点是优化采购流程，降低管理费用。

总的来说，对于企业来说，没有永远的合作伙伴，也没有永远的竞争对手。因此，采购人员唯有洞悉市场，定期复盘，时刻准备好多种预案。

## 第三节　供应商大会上的重头戏

从某种意义上讲，供应商大会让企业和供应商的关系有了一种庄严的仪式感，可以加固企业与供应商的关系。供应商大会是企业和供应商真诚互动的舞台，供应商大会上有不少重头戏。

### 一、主题演讲

主题是会议的灵魂，企业通过主题演讲可体现企业的战略规划，把最高层的信息传递给供应商。例如，华为的核心供应商大会，常由轮值 CEO 发表主题演讲，分享其发展战略与机遇，传递高层对价值链的期许。在 2018 年的核心供应商大会上，华为轮值 CEO 宣布，从 20 年前的价格采购时代，到 10 年前的价值采购时代，华为在 2018 年终于进入了战略采购时代。这意味着，只有那些能和华为在战略上匹配、在优势上互补的供应商，才有机会和华为一起成长。直白一点说，从主题演讲所释放出的信号，可以了解企业发展得如何，将来怎样。作为供应商，必须跟上采购方的节奏，才能真正实现企业所追求的协同效应。

## 二、聚焦供应目标

每次供应商大会，采购人员都会聚焦各项采购指标，分析采购团队面临的压力和挑战，呼吁供应商齐心协力。一方面要提高质量、降低成本、增加效益；另一方面要兼顾供应链柔性，全面提升市场竞争力。

## 三、供应商代表发言

在供应商大会上，企业可安排年度综合表现好的供应商上台发言，年度进步快的供应商上台分享实践经验。通过这一环节，可提振大部分供应商的信心和决心。

## 四、为优秀供应商颁奖

在供应商大会上，企业为优秀供应商颁奖，可彰显优秀供应商的优势，如最佳质量、最佳交付、最佳创新、最快进步、最佳成本控制、最佳战略合作等。这是企业给予供应商的荣誉和肯定，可以为供应商带来潜在的优质客户。

## 五、工厂参观

在合作过程中，企业往往会对供应商提出各种各样的要求。为充分展示企业的研发实力和管理水平，企业可在供应商大会期间，安排供应商参观工厂，让其了解企业的生产管理和运营状况。通过这种方式，现身说法，让供应商对企业充满信心，从而在合作中掌握更多的主动权。

## 六、分组研讨

为促进深入交流，扩大共识，在供应商参观工厂时，介绍新项目；在参观结束后，可组织安排研讨会，根据不同品类，把供应商分成几个小组进行研讨。研讨会可针对日常供应管理中的主要问题，围绕质量、交货期、成本控制等进行“头脑风暴”，听取供应商的想法或建议。

## 七、合规宣讲

合规和降成本一样，要全方位、多角度地反复强调。合规部门负责人要充分利用供应商大会这个契机，强调合规不仅要符合国家相关法律法规，还要符合企业制定的各项制度。同时，还需提供警示案例，说明违规导致的严重后果。

## 八、廉洁宣誓

在供应商大会上，采购人员和供应商需同时进行廉洁宣誓，分别承诺阳光采购、阳光供应，每个供应商还需签署诚信廉洁协议书。

## 九、高段位社交

通常，受邀参加供应商大会的，都是企业的核心供应商和重要供应商，而大部分供应商也会派高层人员参加会议，所以供应商大会是进行高段位社交的好场合。除了供需双方高层人员之间的互动交流外，供应商之间也会有相应的互动。潜心分析采购方的供应群体，供应商或许可获得意外商机。

供应商大会既是企业向供应商展现实力和雄心的舞台，也是供应商的荣耀高光时刻，同时可集中展示采购部的组织协调能力。企业举办供应商大会的终极目的是赋能供应商，给予供应商动力和信心。

总的来说，供应关系管理是其他工作的基础。供应关系管理有三个要点：沟通、信任、发展。只有沟通顺畅了，双方才有可能愉快地合作。但仅有顺畅的沟通还不够，企业必须基于真诚和专业度，与供应商建立战略互信，并以发展的眼光处理问题。20%的战略和重要供应商，是企业供应关系管理的重点。无论是降本，还是提升企业核心竞争力，战略和重要供应商都发挥着不可替代的重要作用。另外，供应关系管理，重在可持续与双向奔赴，才能成就供应链优势。

# 下篇

## 采购管理与风险洞察

在不确定的供应市场环境中，如何合理控制采购成本，降本增效？如何对采购重点环节进行科学管理？如何有效规避采购过程中的各种风险？采购管理与风险洞察是采购人员必备的基本功。

# 第一章 采购成本管理

## 第一节 采购成本

### 一、什么是采购成本

什么是成本？企业的成本构成如何？

为便于理解，可从利润的角度来解读。

利润=产品销量×(产品单价-单位变动成本)-固定成本=销售收入-变动成本-固定成本

其中，固定成本（固定费用）相对于变动成本而言，是指在一定时期和一定业务量范围内，不受业务量变动影响，保持不变的成本，如设备、厂房等。变动成本，是指企业支付购买各种变动生产要素的费用，如购买原材料及电力消耗的费用、员工工资等，这类成本随产品产量的变化而变化。

只有当产品销量达到一定数量，销售收入大于变动成本与固定成本之和时，企业才能获取利润，具体如图1-1所示。

由图1-1可知，降低原材料费和固定资产的采购费用，可以帮助企业早日达到盈亏平衡点，尽快盈利。

### 二、采购降本的六个方法①

笔者根据多年的实践经验，总结了采购降本六个实用方法，分别是：①价值分析法/价值工程法；②供应商早期介入法；③价格与成本分析法；④标准化法；⑤集中招标法；⑥议价直降法。

① 部分内容参考了幸凤梅所著的《别催啦！帮你们总结的六种采购降本大法都在这里了》。

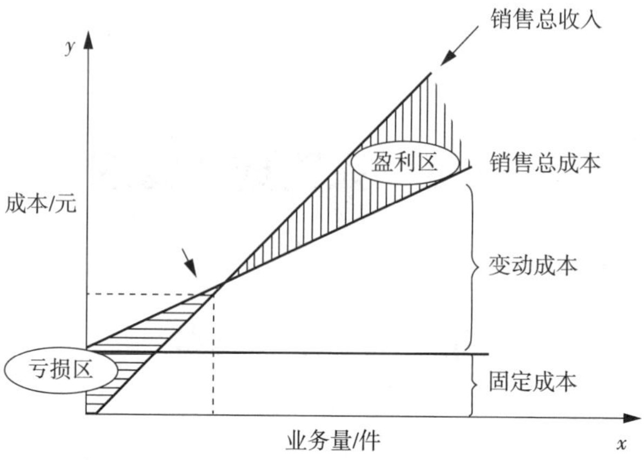


**图 1-1　企业盈亏示意**

1. 价值分析/价值工程法

价值分析/价值工程法适用于标准品、定制化产品和定制化服务等品类的采购降本。

价值分析/价值工程法，是指通过集体智慧和组织活动，对产品或服务进行功能分析，以最低的总成本实现产品或服务的必要功能，从而降低产品或服务采购成本的方法。价值分析/价值工程法通过对选定研究对象的功能及费用进行分析，以最低的成本实现对象的功能价值，可表达为以下三个公式。

公式一：价值=产出-投入

公式二：价值=收益-资源耗费

公式三：价值=功能价值-成本

从功能和成本角度分析价值分析/价值工程法，主要面临以下五种情况。

（1）功能提升，成本不变：适用于需进入门槛，要保持竞争优势的产品或服务。

（2）功能适当降低，成本大幅降低：适用于成本敏感、功能过剩的产品或服务，要保持竞争优势。

（3）功能提升，成本降低：新产品开发的项目。

（4）功能大幅提升，成本适当降低：同质化严重的产品或服务，需增加差异化。

（5）功能保持，成本降低：大批量生产的成熟期产品。

示例：对于 A 汽油公司需采购的阀门，常规的降本方式是尽可能减少材料的使用。采购人员通过应用价值分析/价值工程法，发现阀门 75%的成本在于实现次要功能（防止氧化、固定阀门、包裹阀门等），只有 25%的成本与阀门的主要功能相关（调节油的流量）。

为此，该公司设计了一套全新的内部管道系统，将阀门包裹在管道内部，取消了次要功能，使阀门的原材料成本降低了 70%，大大提升了其产品的市场竞争力。

2. 供应商早期介入法

供应商早期介入法，指在产品设计初期，采购人员选择具有相关能力的供应商参与企业新产品的开发或持续改进，使供需双方都能从中受益。供应商早期介入法适用于定制化产品、OEM 产品和 ODM 产品等品类的采购成本控制。

在产品设计初期，70%的产品或服务的成本是由设计人员决定的。采购人员可通过供应商早期介入法，借助供应商的专业知识、技术优势及模具等资源达到成本控制的目的。具体如图 1–2 所示。

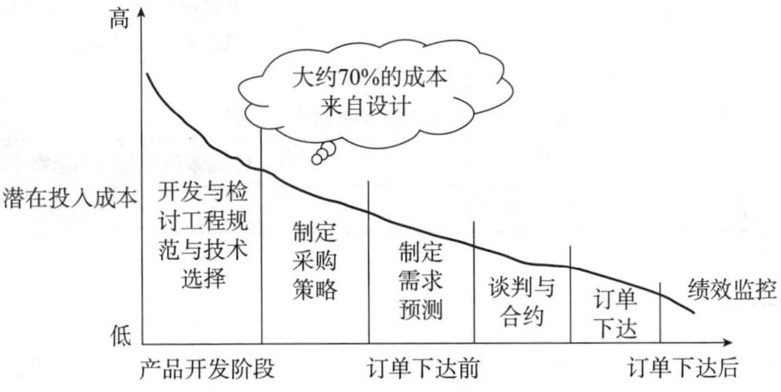


**图 1–2　产品开发阶段的成本占比**

让供应商早期介入，由研发部门与供应商共同主导产品设计开发，采购部门则需与供应商确定商务条款、开发费用，签署保密协议、供货保障协议、独家知识产权协议等，并全程监控合同的履行。

示例：某公司计划以 OEM 方式生产一款 UPS 产品，于是邀请 OEM 厂商 B 参与早期设计。在厂商 B 的建议下，公司设计工程师优化了产品的物料封装、散热结构和排线布局，既缩短了打样周期，又控制了成本。

3. 价格与成本分析法

价格与成本分析法，是指采购人员主动了解产品的构成，逐项分析报价的合理性，从而对产品整体价格做出合理判断。价格与成本分析法适用于标准品和定制化产品等品类的采购成本控制。

不同品类的产品，采购人员分析的出发点应有所区别。对于定制化产品，采购人员需要求供应商按照统一的模板分项报价，核对每个分项价格的合理性；而对于标准品，分析的出发点则为同类产品的市场价格，包括历史价格、竞品价格和潜在供应商的价格等。

示例：某采购人员在处理纸箱产品的多家供应商报价时，将纸箱的价格拆分为如表 1-1 所示的分项，从而确保了供应商的报价不会虚高。

**表 1-1　纸箱的价格分项**

<table>
<tr><th>序号</th><th>分项</th><th>收费标准</th><th>金额/元</th><th>说明</th></tr>
<tr><td>1</td><td>瓦楞纸</td><td>1.5~2.0 元/平方米</td><td>收费标准×面积</td><td rowspan="5">纸箱面积＝（长＋宽＋8）/100×（宽+高+6）/100</td></tr>
<tr><td>2</td><td>印刷费</td><td>0.1 元/色</td><td>收费标准×面积</td></tr>
<tr><td>3</td><td>上釉</td><td>0.3 元/平方米</td><td>收费标准×面积</td></tr>
<tr><td>4</td><td>压光</td><td>0.6 元/平方米</td><td>收费标准×面积</td></tr>
<tr><td>5</td><td>复膜</td><td>0.6~0.8 元/平方米</td><td>收费标准×面积</td></tr>
<tr><td>6</td><td>运费</td><td></td><td></td><td>优选体积和重量中运费金额较高的</td></tr>
<tr><td>7</td><td>税收</td><td>13%</td><td></td><td></td></tr>
</table>

4. 标准化法

标准化法，是指对不同的产品或零件选用相同的设计、规格，或降低定制化产品的比例，通过规模效应达到降低成本的目的。标准化法适用于定制化产品和服务等品类的采购成本控制。

在实践中，采购人员参与新产品开发时，需向设计工程师提出建议，推荐优选部件，如板材、型材、把手、锁、螺丝、螺母等，辅助设计工程师进行模块化设计，做积木式搭建。

示例：位于江门的某车载空调生产厂，对板材和管材做了标准化整合，大大减少了原材料的型号，以及库存积压和资金占用，最终平均降低成本 29%，效果显著，具体如表 1-2 所示。

**表 1-2　板材和管材的标准化整合**

| 序号 | 分类 | 整合前数量/个 | 整合后数量/个 | 压缩率/% |
|---|---|---|---|---|
| 1 | 板材标准 | 34 | 14 | 59 |
| 2 | 板材型号 | 2049 | 142 | 93 |
| 3 | 管材标准 | 16 | 4 | 75 |
| 4 | 管材型号 | 141 | 60 | 57 |

5. 集中招标法

集中招标法，是指采购人员集中各分/子公司采买相同物资的采购量，以增加议价空间，进而降低采购成本。集中招标法适用于集团通用物资的采购成本控制。

示例：某集团公司所有办公电脑集中由集团采购部统一采买，相比之前由各分公司自行购买的议价能力提高了很多，采购成本大幅下降。

6. 议价直降法

议价直降法适用于用量适中、需求稳定且使用频率较高的物料的采购成本控制。使用议价直降法的前提：①企业产品成熟稳定，逐年多次降价；②物料需求量适中，达不到招标的金额；③降低成本的预期不高，5%以内。

示例：制造企业 A 常用的贴片电阻，使用数量大、单价低，企业的总体议价能力不强。考虑到生产的一致性和质量稳定性要求，采购人员采取逐年议价的方法与供应商谈判，达到了降低成本的目的。

## 第二节　电商如何降低成本[①]

当前，电商行业竞争激烈，降本压力很大。在产品同质化严重的情况下，商家往往只能进行价格竞争。其中，采购成本的高低决定了电商企业的命运。那么，有什么方法可以帮助电商企业降低成本?

笔者在负责家电采购时，与几大家电集团的电商渠道签署了购销合同，约定由电商渠道按单发货，企业不准备库存。笔者所在的企业选择电商渠道，一是便于维护线上商城；二是家电品类的战略定位不是丰厚的利润，而是弥补产品线的缺失。

运营一段时间后，笔者发现，家电产品虽然是消费必需品，但存在单量少、利润率低、人力维护成本高等问题。具体为：①电商零售作为销售型业务，对利润要求较高，但是家电产品的价格由市场主导，市场竞争激烈，电商平台没有定价权。②按单发货不经济，利润很不理想。③电商渠道产品与天猫/京东等平台的产品同质化。④电商渠道价格调整频繁，且各大平台打价格战，产品入驻的电商平台跟进各厂家的调价政策，需要大量人力。一旦跟进不及时，就会给客户留下“高价”的印象，影响品牌形象；即使跟进及时，也至多与其他平台的价格持平。⑤家电产品更新换代过快，产品调整频繁，要与市场保持同步，需要耗费大量人力。

经过分析，笔者发现，以上问题主要由合作渠道（电商）和合作模式（购销）导致，主要原因为：①电商渠道特点决定了其产品定价无优势、产品无差异、产品价格调整频繁；②“一件代发”的合作模式使企业成为“二传手”，价格上无优势，利润空间小。

为改变不利形势，笔者开始探寻新的采购模式，以改变旧的采购渠道及合作模式。

基于此，笔者拜访了几大家电集团的对接人，提出可以把家电企业的线下渠道搬到我方的线上渠道，即渠道由电商转变为线下优质经销商，线

---

① 部分内容参考了王嘉怿所著的《还说采购就是买东西的？看看人家是怎么帮企业降本增效的!》。

上平台直接向线下经销商开放并由其自行维护，我方按照固定比例抽成即可。

经过几轮洽谈，基本确定了新的采购模式，即将合作模式由购销转为平台入驻，把专业的事交给专业的人去做。每单按照销售价向入驻经销商提点，我方的利润有了保证。

除了利润，笔者还发现线下产品可以与传统电商渠道产品实现差异化。产品差异化不仅保障了经销商和我方的利润，还提升了产品对客户的吸引力；我方也不需要关注产品定价和产品换代的问题，直接交由经销商管理，大大降低了企业的人工成本和经营风险。

## 第三节 采购降本利器——5Why 分析法

作为采购人员，有两个基本职责：一是降低成本；二是控制风险。

面对纷繁的业务，采购人员难免会有无从下手的感觉。5Why 分析法作为一种行之有效的采购降本分析工具，对采购人员来说很有价值。

5Why 分析法，是通过对表面问题连续发问，找到问题背后根本原因的方法。5Why 分析法的关键在于，通过反复提问，人为创造避开主观假设和“逻辑陷阱”，以结果为导向，沿着因果关系链条顺藤摸瓜，直至找出问题的根本原因。

示例：L 公司为世界 500 强跨国集团公司，在中国设有 20 家分公司及近 200 个市场推广网点。为扩大市场影响力，树立公司良好形象，公司市场营销部每年会为目标顾客赠送大量礼品。每个季度，采购部需要协助市场营销部采购相关礼品，年采购额度在 240 万美元，集团给采购部的年度降本目标为采购额的 10%。

对此，采购人员该如何使用 5Why 分析法帮助集团降低采购成本呢？

首先，使用 COPIS 模型基于顾客（市场营销部）的角度，梳理项目的流程，以便发现问题。

COPIS 模型是一种战略实施手段，它告诉我们：“应当做什么？”“为什么这么做?”“有没有做好?”其中，C 指顾客，O 指成果，P 指流程，I 指投入，S 指供应商。COPIS 模型如图 1-3 所示。

具体流程如下。

第一步：每个季度，市场营销部根据目标顾客的需求和当季活动的市场定位，收集并确认本季度礼品清单。

第二步：采购部对礼品清单进行评估和筛选，通过市场初步调研，剔除不适合的礼品，确认最终礼品清单。

第三步：基于这份礼品清单，进行 RFQ 招标。

第四步：通过 RFQ 招标，确认中标供应商及其提供的礼品明细。

第五步：中标供应商根据市场营销部门的送货要求安排发货，这样的流程每年进行四次。

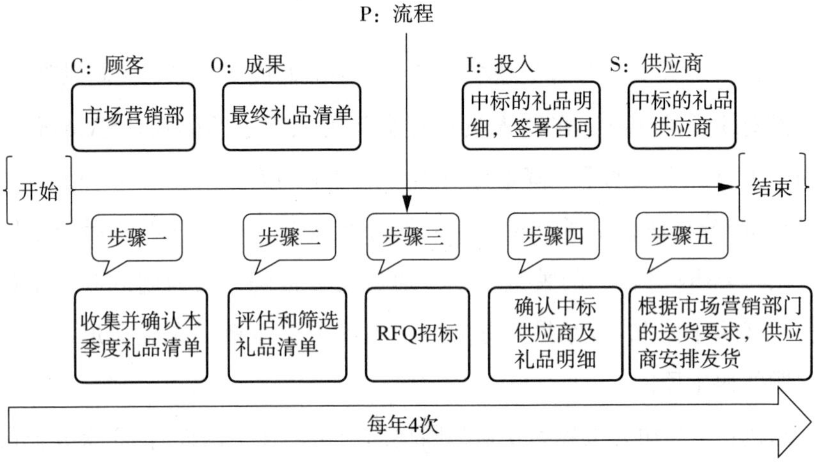


**图 1-3 COPIS 模型**

其次，填写 5Why 分析法表，确认影响成本的关键因素及解决方案。

**表 1-3 5Why 分析法表**

| 问题 | Why 1 | Why 2 | Why 3 | 解决方案 |
|---|---|---|---|---|
| 降本的绩效指标不能完成 | | | | |
| | 为什么降本的绩效指标不能完成 | | | |

续表

| 问题 | Why 1 | Why 2 | Why 3 | 解决方案 |
| --- | --- | --- | --- | --- |
| | 1. 很难进行价格谈判 | | | |
| | | 为什么很难进行价格谈判? | | |
| | | 1.1 市场营销部门需要多种礼品，很难有单个礼品供应商可以满足全部需求 | | |
| | | | 为什么市场营销部门需要多种礼品? | |
| | | | 1.1.1 市场营销部门 1 年需要提交 4 次相似的采购需求，没有充分的时间做前期市场调研，简化礼品清单 | |
| | | 1.2 礼品供应商不同意降价 | | 1.1.1.1 将 1 年 4 次的采购需求调整为 1 年 1 次 |
| | | | | 1.1.1.2 引入 VMI (Vendor managed inventory) 模式，由供应商确认礼品清单 |
| | | | 为什么礼品供应商不同意降价 | |
| | | | 1.2.1 单个品种礼品采购数过少 | |
| | | | | 1.2.1.1 市场营销部门提供全年的计划采购礼品清单，并缩减礼品种类 |

续表

| 问题 | Why 1 | Why 2 | Why 3 | 解决方案 |
|---|---|---|---|---|
| | | | 1.2.2 与礼品供应商签订的框架合同没有设置硬性降本目标条款 | |
| | | | | 1.2.2.1 之后与礼品供应商签署框架合同增加年降本目标 |
| | | | 1.2.3 L公司采购礼品流程太复杂，供应商在其中浪费了大量的人力成本 | |
| | | | | 1.2.3.1 将礼品采购流程设置为类似天猫、京东的自助采购流程 |

再次，对影响成本的关键因素进行定量分析，以验证表1-3的分析结论是否准确，为解决方案的实施奠定基础。

表1-3中5个解决方案的实施，是基于降低礼品采购次数，减少礼品采购种类，增加礼品采购数量，从而增加供应商的利润。

但这样的规模采购，对降低成本有多大的影响呢?

基于上一年度的采购数据，采购部选取了最具有代表性的B品牌20寸拉杆箱作为数据样本进行分析，如表1-4、表1-5所示。

**表1-4　B品牌20寸拉杆箱，上一年度采购数据**

| | |
|---|---|
| 采购数量/个 | 7500 |
| 采购单价/元 | 167.00 |
| 占箱包类采购数量比例/% | 25 |
| 占箱包类采购数量比例名次 | 1 |

**表 1-5 现阶段，B 品牌 20 寸拉杆箱最优阶梯报价**

| 单次采购数量/个 | 单价/元 |
|---|---|
| 0 | 180. 00 |
| 5000 | 167. 00 |
| 10000 | 167. 00 |
| 15000 | 156. 00 |
| 20000 | 156. 00 |
| 25000 | 145. 00 |
| 30000 | 145. 00 |
| 35000+ | 134. 00 |

若市场营销部门调整礼品清单，将箱包类礼品全部换成 B 品牌 20 寸拉杆箱，那么采购数量增加到 30000 个，单价下降到 145. 00 元。价格与数量的关系如图 1-4 所示。

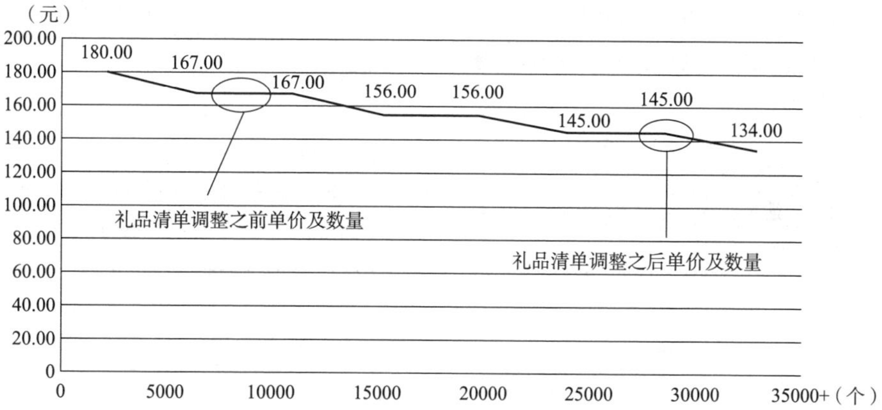


**图 1-4 价格与数量的关系**

预计降本情况如表 1-6 所示。

**表 1-6 降本情况统计**

| | |
|---|---|
| 采购数量（个） | 30000 |
| 采购单价/元 | 145. 00 |
| 单位降本/元 | 167. 00-145. 00=22. 00 |

续表

| | |
|---|---|
| 采购数量（个） | 30000 |
| 总体降本/元 | 22. 00×30000＝660000. 00 |
| 总体降本换算为美元（汇率 1：6. 40） | 103125. 00 |
| 完成年度降本指标比率 | 103125. 00/240000＝43% |

从表 1-6，我们可以看出，仅箱包的调整就可以实现企业年度降本目标的 4 成。

由此可见，以规模采购为主的 5 个解决方法对降低采购成本十分有效。

为了完成总的年度降本目标，采购人员需要结合预计降本力度及实施难易程度对解决方案进行分类，确认解决方案实施的时间，见表 1-7。

**表 1-7　解决方案实施的时间**

| 解决方案 | 解决方案实施紧迫程度 | 预计完成所需时间 |
|---|---|---|
| 1. 将 1 年 4 次的采购需求调整为 1 年 1 次 | 短期完成 | 3 月 |
| 2. 引入 VMI 模式，由供应商确认礼品清单 | 长期完成 | 6~12 月 |
| 3. 市场营销部门提供全年的计划采购礼品清单，并缩减礼品种类 | 立即完成 | 1 月 |
| 4. 之后与礼品供应商签署框架合同增加年降本目标 | 长期完成 | 6~12 月 |
| 5. 将礼品采购流程设置为类似天猫、京东的自助采购流程 | 短期完成 | 3 月 |

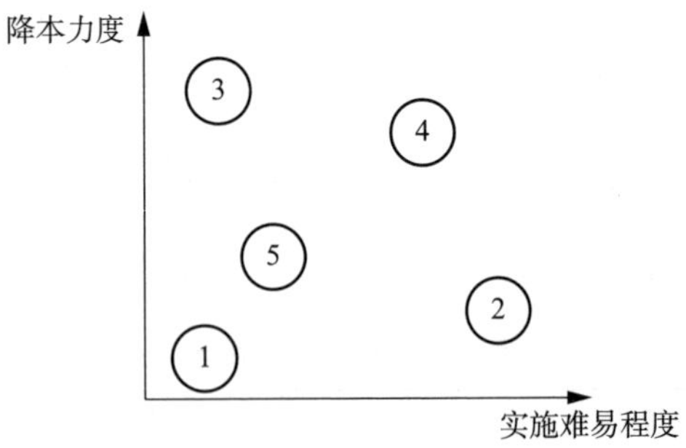


**图 1-5　基于降本力度及实施难易程度对解决方案分类**

最后，采购人员需要在解决方案实施过程中实时监控，当出现实际与预期效果不符的情形时，再次使用5Why分析法找出发生偏差的原因，并及时调整。

当然，在实践中，采购人员不必拘泥于询问5次，只要可以找到关键的影响因素，询问3~6次都可。

## 第四节　采购资源管理及流程控制

### 一、时刻关注身边的资源

2019年，笔者在一家制造业企业从事采购工作，主要负责采购稀释剂、三防漆及其他化学用品。

三防漆主要用以保护线路板，起防潮、绝缘和防静电作用；而稀释剂是用来稀释三防漆，防止三防漆黏度过大。该企业所使用的稀释剂和三防漆都从德国进口。

2019年10月中旬，因车间工人没有及时关注稀释剂库存，稀释剂库存告急。同时，企业有2300台机器订单的线路板未刷三防漆，订单需要一周后交付。

车间当天下发了稀释剂的采购需求，笔者紧急与稀释剂经销商确认是否有现货，经销商反馈其国内库存已全部调拨给了另一家企业。从企业的稀释剂供应商德国原厂调货需要1周的时间，眼看库存的稀释剂所剩无几，生产线即将停产。

面对紧急情况，走新的供应商准入流程已来不及。为保证产品质量，笔者从合格供应商名录中寻找代理商资源。首先，这些代理商已通过了供应商准入流程；其次，代理商一般会代理多个品牌产品。

笔者联系了几家化学品代理商，询问是否代理同款稀释剂或替代品。同时，笔者又联系现有经销商，询问其能否从其他客户手中调配货源。最终，从一家与我方长年合作的代理商处找到了替代品，但该产品是从美国进口，价格不低。代理商的报价是108元/5L，而我方原用的稀释剂价格是110元/5L，非常接近。

面对这种情况，笔者突然想起之前有两家国内化工企业推销过稀释剂。经询价，均为90多元/5L，但样品未达标。

后笔者浏览产品介绍网页时，发现美国厂商在国内有工厂，便电话向其代理商询问价格。

很快，对方代理商报价98元/5L，达到了我方预期，于是笔者立刻安排供应商送样测试，测试通过后即下了订单。

三天后，稀释剂到货，问题得到顺利解决，同时降低成本12元/5L。

通过这件事，笔者有两个体会：一是作为一名采购，要时刻留意供应商资源；二是在处理紧急情况时，要保持冷静，以结果为导向解决问题，不放过任何降本的机会。

## 二、采购的六个核心流程，哪个对降本最重要

"小明，你赶紧找一家供应商，我急需一个焊接支架。"一大早，天波公司的研发工程师来到采购人员办公室，正碰上刚刚落座的采购员小明。

"好，给我图纸，我比一比价。"小明首先想到要走询比价流程。

"没法比价！如果有图纸，我就不找你帮忙了。"研发工程师的语气里透着焦急。

"没有图纸，我怎么找供应商?"小明有些不知所措。

"我就是让你找一家能出图纸的供应商，按照我的要求设计并制作样品，懂吗?"看到小明没有头绪，研发工程师非常着急，说话毫不客气。

"哦，我明白了。你看供应商A怎么样？他们家一直给我们供应焊接件。"

"如果A能做，我来找你？我早就联系过他们了，因为这个件精度太高，他们放弃了。"工程师把手摊开，言外之意是，你就别指望A了。

"那我好好想一想找哪家？下班前告诉你。"

"一言为定!"

看着工程师离去的背影，小明想起供应商开发流程，但是这个流程解

决不了眼下的问题，小明只能放弃。

但是小明仍不服输，心想：“工程师说的精度到底是指什么呢？刚才没有深问，一知半解。”所以他立即拨通了工程师的电话。

原来，这是一个圆形的“焊接+机加”的装配件，直径接近1米。

难点在于，沿着圆形的外沿需要均匀地钻12个孔，12个孔必须与外壳严丝合缝；否则，使用一段时间后外壳可能会脱落，有安全隐患。

这下小明明白了，他需要推荐一个设计能力强的供应商，帮助设计工程师出方案。看看怎样既能满足功能要求，又能降低加工难度，减少工装投入。

按图索骥，小明找到一家供应商。最后的方案是，将加工工艺从“焊接+机加”改为压铸，通过快速模具控制孔的位置，在样品通过、设计定型之后，再开压铸模，产品单价降低了30%。

之后，小明按照流程与供应商谈判，产品单价又降了3%。

通过这个故事，可以总结出采购的六个核心流程：①询比价管理；②供应商开发；③需求管理；④谈判管理；⑤合同及订单管理；⑥供应商绩效考核。

从降低成本的角度来看，哪个是采购最核心的流程呢？

如果采购人员能够维护好与需求者的关系，那么在收到采购申请时，便能进一步了解其真实需求，从而可以推荐更匹配的供应商，从源头上将成本控制到最低或者通过增加功能提高产品的利润和市场竞争力。

提到需求管理，采购人员需要清楚采购需求有哪些属性。无论采购的是实物还是服务，都具有以下七个需求属性：①规格，需要这么好的吗？②服务，需要这么周到吗？③时间，必须现在购买吗？④价格，这个价格合理吗？⑤数量，必须买这么多吗？⑥频次，可以少买几次吗？⑦质量，需要这么严格吗？具体如图1-6所示。

**图1-6 采购需求的七个属性**

因此，采购人员需要通过需求管理，主动帮助产品或服务使用部门搞清真实需求，在源头上减少浪费或增加价值，保证供应商合理利润的同时，提高降本成效。

## 三、利用“信息差”降本增效

前几天，有位学员问我：“姜老师，随着精益管理的普及，降本越来越难，做采购还有前途吗？”

我想说的是，随着时代的进步，总会有新的降本机会。如果不跟着时代节奏，就无法跟上时代的步伐。

“你是否想过，降本的本质是什么？”我引导学员。

“买贵了。”学员不假思索，脱口而出。

“怪不得你认为没有降本机会了，因为精益管理解决的是浪费问题，也就是采购人员没有了‘买贵’的可能性。现在我看到的问题是，采购人员买‘便宜’了，在年降本指标的压力之下，陷入‘质低价廉’的误区，质量问题越来越多，给企业带来的隐患越来越大。因此，从今往后，采购人员想从越来越透明化的操作中简单地削减成本不再可行，这个时候，要通过信息差来降本。”

“什么是信息差呢？”学员不解。

“信息差是个人或者企业掌握或获取社会信息的数量和方式的差别。”

“这与采购工作有何关系呢？”学员还是不明白。

“很多采购人员忙于日常工作，却忘记做一件最重要的事情，就是市场调研。例如，如果你负责采购设备，是不是应该定期参加行业展会，或者了解同行佼佼者都在更新哪些设备？有无厂商正在计划推出效率更高、占地更小或能耗更低的新设备呢？是否有意识帮企业降本增效，是否要做内部推荐，或者定期去做主要供应商的市场分析？例如，菲律宾的印刷线路板厂的成本比国内低几个点？低在哪里？对于一些复杂的组装产品，有无管理能力较强的民企可以替代外企？对于特殊材料，是否可以通过行业协会了解新的趋势？”

“我听懂了。其实我也知道要做市场调查和市场分析，但是真的太忙了，直到降本指标无法完成才临时抱佛脚。”

“这是一个环境和习惯的问题。有时间多和供应商聊一聊行业信息和市场机会，或许更有收获。”

“这倒是。”

“其实，采购人员的主要职责就是提前获取有价值的供应市场信息，并让信息尽快流动，让企业成为第一拨吃到螃蟹的人，持续降本增效。所以，从这个角度理解，采购人员的降本工作永无止境。”

“对。”

“最后，我要提醒你，当我们考察供应商时，需要获取的是整个供应市场的信息，而不是仅限于一家供应商的信息，包括：①行业的头部企业是哪家？②头部企业的特点和优缺点是什么？③一般企业的机会在哪里？④行业的盈利模式是什么？⑤进入行业的壁垒是什么？⑥头部企业的护城河是什么？⑦是否有替代品？⑧行业的发展趋势是什么？⑨行业的集中度如何？⑩能找到哪些降本增效的机会？”

## 四、供应商的八种降本增效能力

研发人员：“今年需要借用供应商的资源，帮助我们优化设计、节约工时。采购部有推荐吗？”

采购人员：“有。”

研发人员：“怎么能让我们对供应商的能力一目了然呢？”

采购人员：“这很简单，我可以把供应商对研发人员的支持进行分类，再统计到一张表中发给你。”

作为一名采购人员，如何对供应商支持研发人员的能力进行分类？

经过仔细分析，笔者把供应商对研发的支持能力分为以下八类。

### 1. 生产或销售标准件

生产或销售标准件的供应商既可能是贸易商也可能是生产商，可以帮助研发人员选型。

2. 开模生产定制件

开模生产定制件的供应商可以给研发人员更多的发挥空间。

3. 通过优化设计来提升生产良率或削减成本

通过优化设计来提升生产良率或削减成本的供应商可帮助研发人员纠错，以便提升生产良率，优化供应链。

4. 低复杂度组装

低复杂度组装的供应商只是简单加工加组装，对研发人员的帮助有限。

5. 高复杂度组装

很多时候，研发人员在确定装配尺寸、公差和测试要求时，需要向高复杂度组装供应商学习。

6. 做快单

做快单的供应商一般有专机或专线做样品快单，可以帮助研发人员在最短时间内拿到样品，加快项目进度。

7. 能够画图或者设计电路

能够画图或者设计电路的供应商是研发人员最常合作的对象，研发人员可以把设计工作外包，能否画图或设计电路。是采购人员考察供应商设计能力的重点方面。

8. 可根据产品概念做整体设计

可根据产品概念做整体设计的供应商，在某种程度上甚至可以替代研发人员。如果企业研发大系统，如整车，可把其中的某个总成设计和制造整体外包。

毫无疑问，为研发部门提供合适的供应商，可节约资源、优化输出，体现采购工作的价值。采购人员在考察供应商的成本结构和质量管理时，可以同时考察其对研发人员的支持能力。

# 第二章　采购重点环节管理

## 第一节　如何设计采购流程

流程用来做什么？

流程主要用来解决组织间的协同问题，规定在一个有次序的工作流中，谁先做什么，谁后做什么，谁审批什么以及输入、输出什么。流程具有五个基本特点：①有先后次序；②至少三个不同岗位；③相同的任务目标和产出；④具有普遍性；⑤随着组织发展不断优化。

流程的四个意义：①建立跨部门协作规则；②提升工作效率；③防范工作风险；④与信息系统对接，实现无纸化办公。

那么，如何设计完整的采购管理流程？

采购人员在设计流程图之前，首先需要明确企业的愿景和战略，以及采购组织的发展战略和组织架构。因为流程是企业战略落地的工具，如果没有企业战略，流程要落地什么呢？

一个好的流程，应该是兼顾工作效率、审批效率和部门间协同的工具。流程不是为某个部门服务，而是为企业服务，最终是为客户服务。

一般来讲，采购管理流程框架包括四个板块，分别是采购计划管理、供应商全生命周期管理、采购执行管理和采购战略管理及若干子流程，具体如图 2-1 所示。

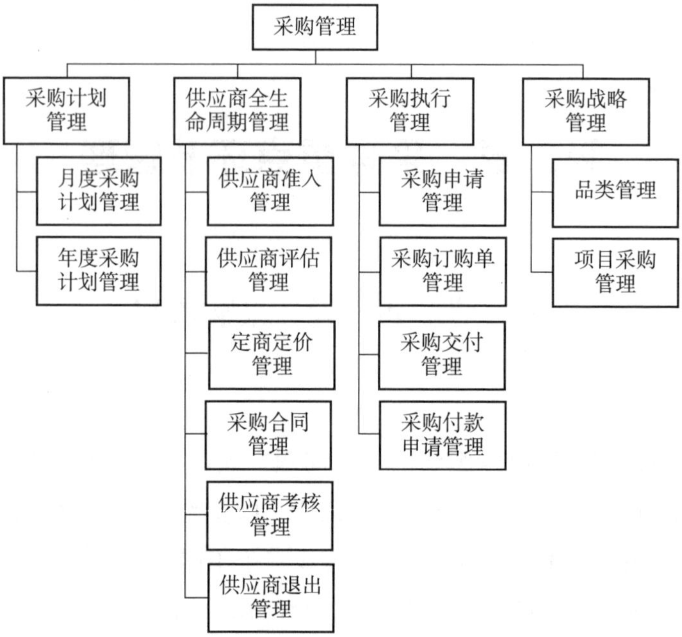


**图 2-1　采购管理流程框架**

由于企业的组织架构不同，采购流程大相径庭。因此，采购人员务必自己动手，设计适用于企业的采购流程，绘制采购流程图。

采购流程图是明确采购流程中输入、输出关系的图表，体现了采购流程在企业所有流程中的序列，具体如图 2-2 所示。

绘制采购流程图后，采购人员要注明采购流程管理所涉及的部门、岗位及其职责，具体如表 2-1 所示。

**表 2-1　采购供应链管理流程涉及的部门和岗位**

| 部门 | 岗位 | 职责 | 备注 |
|---|---|---|---|
| 集团采购中心 | 采购总监 | 制定采购战略，管理组织架构 | |
| 集团采购中心 | 采购副总监 | 解析战略目标，制订采购计划 | |
| 集团采购中心 | 采购经理 | 执行采购计划，具体开展战略寻源和供应商管理工作 | |
| 集团采购中心 | 采购主管 | 执行采购订单到付款管理流程 | |
| 法务中心 | 总监 | 管控流程风险点 | |
| 仓储物流部 | 仓储经理 | 管理入库流程 | |

续表

| 部门 | 岗位 | 职责 | 备注 |
|---|---|---|---|
| 质量管理部 | 质量工程师 | 负责物料质量管理工作，为供应商管理提供数据 | |
| 设备管理中心 | 设备工程师 | 对接设备采购计划、接收验收工作 | |
| 财务管理中心 | 财务经理 | 对接预算、账务及相关审批工作 | |
| 各需求部门 | 负责人 | 对接采购计划、采购申请、履约后评估等相关工作 | |

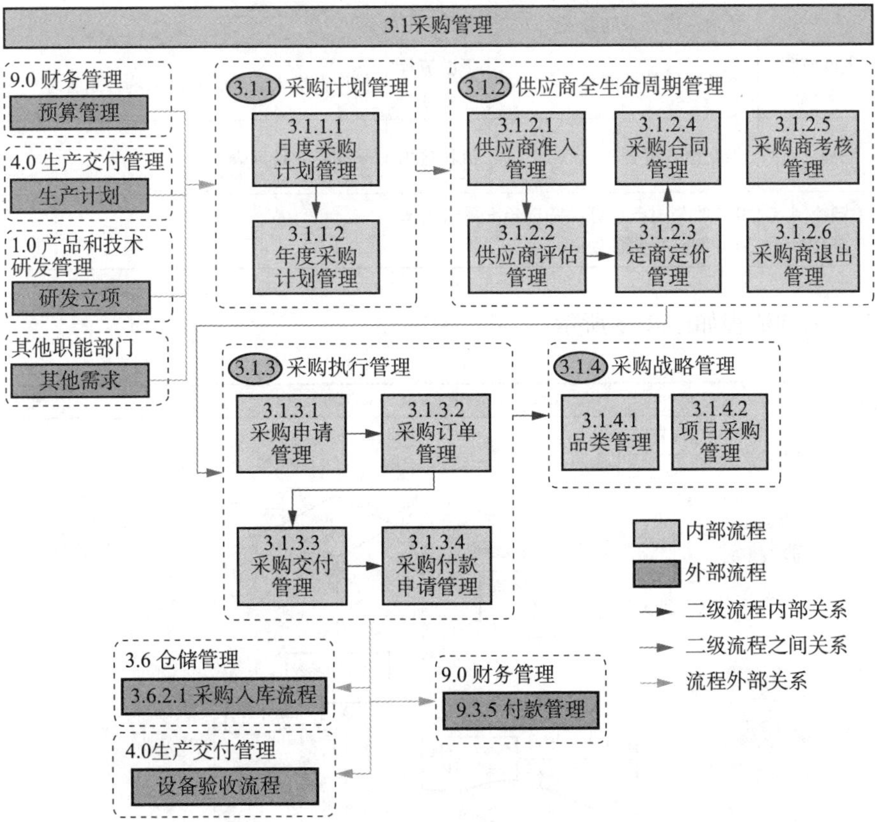


**图 2-2　采购管理流程图**

据此，采购人员需要为最低层级的采购流程建立流程档案，绘制流程图并填写业务说明及关键控制点。

采购流程档案如表 2-2 所示。

表 2-2 采购流程档案

| 流程名称 | 年度采购计划管理流程 | 版本 | V1.0 | 生效日期 | 2022 年 1 月 1 日 |
|---|---|---|---|---|---|
| 流程负责人（BPO） | 采购总监 | 流程编码 | 3. 1. 1. 2 | | |
| 适用范围 | ××集团 | | | | |
| 流程描述 | 描述如何从财务预算管理开始筛选与年度采购相关的固定资产、物料、服务需求计划，分析制订采购计划，进行采购分工 | 流程目的 | 通过分析年度采购预算，提炼大宗物资需求，合理分工并安排采购计划时间表，为开展后续供应商寻源工作提供数据、资源支持 | | |
| 上游流程名称 | 财务预算管理流程 | 下游流程名称 | 供应商准入管理，月度采购计划管理 | | |
| 流程输入 | 年度预算报表 | 流程输出 | 采购寻源计划表 | | |
| 关键控制点（KCP） | 010 收集财务预算，筛选年度采购预算<br>040 制订采购计划 | | | | |

采购流程如图 2-3 所示。

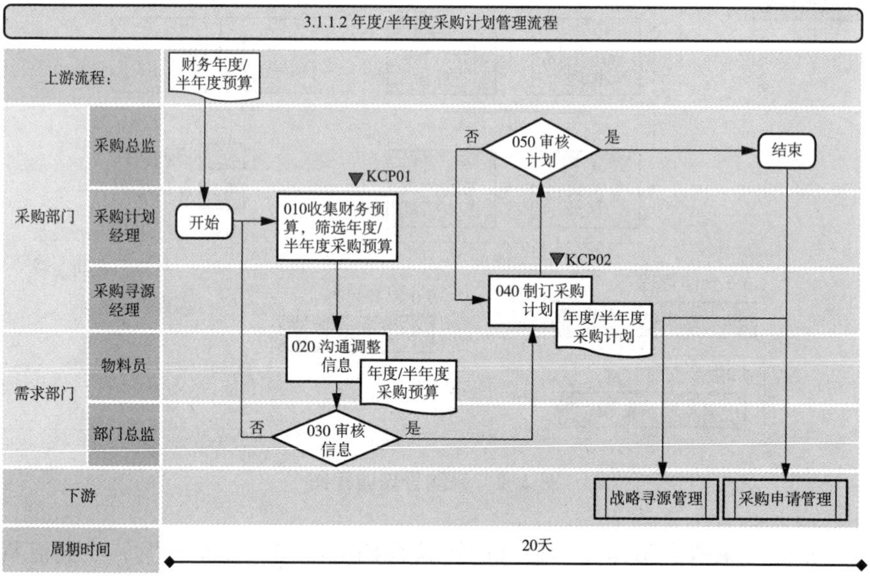


图 2-3 采购流程

采购业务说明如表 2-3 所示。

**表 2-3 采购业务说明**

| 序号 | 活动 | 活动描述 | 输入 | 输出 | 负责人 | 相关业务规则/工具模板 | 相关系统 |
|---|---|---|---|---|---|---|---|
| 010 | 收集年度财务预算，筛选年度/半年度采购预算 | 根据财务部门已审批的年度预算表格，筛选出属于采购业务的固定资产、物料、外包服务需求预算，按需求品类进行划分，分配采购寻源负责人 | 财务年度预算 | 年度采购预算初稿 | 采购计划经理 | | |
| 020 | 沟通调整信息 | 如需求明细存在问题，则计划经理需要与需求部门物料员沟通修改年度采购预算 | 年度采购预算初稿 | 年度采购预算 | 需求部门物料员 | | |
| 030 | 审核信息 | 审核本部门采购预算信息 | | | 需求部门负责人 | | |
| 040 | 制订采购计划 | 根据确定好的需求清单编写安排采购计划，拟定寻源策略、采购时间、供应商范畴 | 年度采购预算调整稿 | 年度采购计划 | 采购寻源经理 | | |
| 050 | 审核计划 | 审核品类采购计划策略报告 | | | 采购部门负责人 | | |

不同信息符号说明如表 2-4 所示。

**表 2-4 不同信息符号说明**

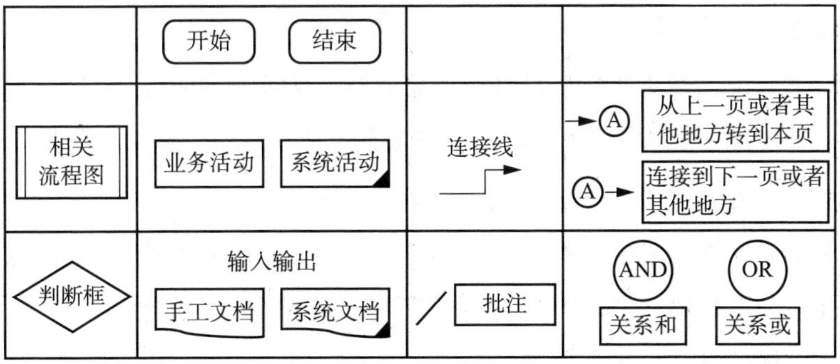

此外，采购人员需要把握关键控制点，包含控制目标和对风险的预判，具体如表2-5所示。

表2-5　关键控制点

| 编号 | KCP名称 | 控制目标 | 风险 | 备注 |
| --- | --- | --- | --- | --- |
| KCP01 | 收集财务预算，筛选年度采购预算 | 1. 准确筛选采购类预算；<br>2. 准确划分品类；<br>3. 保证数据前后一致 | 财务预算中的采购预算不准确 | 采购预算与使用部门复核 |
| KCP02 | 制定品类采购计划策略 | 1. 整合各部门同类需求，提高效率，降低成本；<br>2. 分析需求、制定策略、优化供应商资源池 | 市场判断失误，采购策略不合理 | 加强供应市场分析调研 |

# 第二节　采购重点环节管理

## 一、管理备件采购小窍门

备件是设备维护维修的原材料，如果供应不及时，会导致工厂停工停产，是间接采购的重点管控物资。但是，在一些企业，备件的采购与管理常常存在以下痛点问题：①备件名称和料号不统一；②备件描述不规范；③提报及审批周期长；④货期长；⑤买错或买假货。

如何解决这些问题？这需要采购人员了解备件的属性，针对备件的不同特点进行分类管理。

简单来说，基于备件的属性，可将备件分为专属件和通用件。

如果备件是为某个设备定制，且知识产权归属设备商，则其为专属件；否则，为通用件。

对于通用件，采购人员需要在物料编码（如1代表通用件），将其品牌、规格和型号描述清楚，进行有效识别，通过询比价定商、定价，再与总成本最优的供应商签署框架协议。

对于专属件，采购人员除了要给物料编码外，还要记录该专属件专属于哪台设备，建立专属关联，记录到备件描述中。关于专属件的定价，建议在购买专属设备时与供应商同步商谈确定，根据每年的采购金额进行议价，签署框架协议。

通过对备件进行分类，可大大增加使用者选品的效率和正确率，并有助于采购人员合理定商、定价。

## 二、如何设置采购部的绩效考核指标

要制定合理的绩效考核指标，需遵循以下三个原则：①从战略到战术，逐级分解；②遵守 SMART 原则；③缩减考核时间间隔。

具体分析如下。

1. 从战略到战术，逐级分解

绩效指标的制定次序一定是从上到下，即对企业的愿景（如十年内从代工型企业发展为高科技型企业）逐层分解至采购部的战略目标（如与行业专家级供应商开展战略合作，进行供应链创新，持续增值），再分解至采购部的当年目标（如引入多少专家级供应商，完成多少项供应链创新项目，降本成效达到什么程度等），直至分解到季度和个人。当绩效考核指标分配到个人时，切忌平均主义，要按品类采购的难易程度及个人的经验与能力，制定有挑战但通过努力能够达到的个人目标，并与个人的职业发展挂钩。

2. 遵守 SMART 原则

SMART 原则有利于员工提高工作效率，为企业员工绩效考核提供了目标和标准，使考核更加科学化、规范化，保证考核的公平、公正与公开。SMART 原则具体内容为：①具体，指标须具体明白；②可衡量，指标要量化，不能量化的要细化；③可实现，指标可通过努力达成，避免设立无效目标；④相关性，指标须与工作相关，与组织的目标保持一致；⑤时限性，指标须在特定的期限内完成，保证时效。

3. 缩短考核时间间隔

缩短考核时间间隔有利于企业及时了解绩效指标的完成情况，以便快速对完成情况不好的指标进行分析调整，确保指标的有效性。

设置采购部门的绩效考核指标，除了要基于企业愿景和部门战略外，还应考虑采购实际工作中的痛点。例如，如果产品或服务的使用部门频繁投诉MRO采购来料不及时，就需要设置一个客观的指标来计算采购部的平均下单期限，即从收到需求到下发订单的时间。超过规定时间，即视为采购人员的工作过失。

综上所述，基于绩效指标的普适性，以下10个采购绩效考核指标，可供参考使用：①价格年降，指产品或服务采购价格与上年度相比下降比例，是采购部门的主要绩效考核指标，也是给采购人员压力最大的指标；②采购价格变化（Purchase price variance，PPV），指产品或服务采购价格与企业制定的标准成本相比下降比例，适用于以预算制管理为主的企业，可与企业的预算进行比较；③议价，指产品或服务最终的订单价格相比供应商首轮报价中的最低价下降比例，是衡量采购人员谈判能力的重要指标；④账期，指本年度所有供应商的平均账期与上年度相比，延长了多长时间；⑤供应商的绩效，指交货、产品品质、服务等绩效指标跟上年度相比提升了多少；⑥罚款回收率，指企业品质管理部门对供应商的过失开出罚单后，采购人员跟进确保供应商及时足额缴纳的罚款；⑦按时下单率，指采购人员接受产品或服务使用部门的采购申请后，于规定期限日内（一般3~5天）完成定商、定价，并下发相关的绩效考核指标，以此衡量间接采购的表现；⑧审计分数，指采购部内审和外审的得分，如果低于规定的分数，则视为不合格，审计分数是采购部合规管理的量化指标；⑨员工培训时长，是企业帮助员工提升专业技能的量化指标；⑩部门预算，指衡量采购部门在薪资、差旅、团建、培训及其他支出不得超过其年初申报的预算。

## 三、采购计划管理

随着疫情、运力不足、半导体缺料等“黑天鹅事件”的不断发生，采购计划管理越来越受到企业高层的重视。

以往，企业侧重精益供应链，如零库存管理、VMI、JIT 等，交付不是问题，成本问题更受关注。但是当供应环境发生改变，频繁出现交付问题时，企业首先要考虑的是如何保障交付，其次才是降本。很多传统行业，如电子制造、纺织、食品加工等，成本已经很低。因此，企业对于降本的期待越来越务实，反而越来越重视如何与供应商共同发展，采购计划管理显得越来越重要。

要做好采购计划管理，必须重视以下 10 件事情：①物料分类与交期分析。检讨物料编码规则是否正确，是否存在一物多码、一码多物、有物无码等常见问题；物料的管理规定是否执行到位；物料的分类是否科学；重点关注交货期限长的物料占比并分析其合理性。②订料模式优化。根据现状，从 PO、VMI、JIT 到 Milk Run，制定优化路线，实施 VMI 管理，提升 JIT 比例，有效降低库存，提升齐套率。③预测模式优化。针对不同交货期限的物料，从预测的取值、长度、频度和颗粒度区分管理；识别关键二级供应商及二级物料，提高与不同层级供应商的协同程度。④备货模式优化。针对风险物料，明确启动时点，制定合理的备货规则，从成品、原材料、供应商三级实施动态备货策略，有效规避缺货风险，提升资金的利用率。⑤库存优化。分析现有的库存及指标，进行点到点排查，制定符合行业特点的库存指标，参与 S&OP 会议（销售与运营计划），与销售协同推动库存优化。⑥呆滞料管理优化。界定呆滞料的责任人和指标，制定呆滞料再利用流程，有效降低呆滞料并加快呆滞料的处理。⑦绩效指标优化。以逐级考核、聚焦到点为原则，从预测、订单、交付、付款等环节制定量化指标并与供应商的奖惩机制挂钩，提升持续优化的能力。⑧齐套率优化。以上订料、预测、备货等模式的优化，最终体现在齐套率的提升上；对于其他原因造成的不齐套，如质量问题、交货期限过长、供应商缺料等，要进行专题研究，专项解决。⑨物资需求计划（MRP）协同与优化。参与 S&OP 会议，与销售预测、主生产计划协同，提升信息系统中 MRP 的功能，取消手动管理。⑩优化供应交付预警。分析从供应商到企业的交付过程，设定预警机制，要求供应商严格执行。

## 四、供应交付的多级预警机制

如何进行供应交付管理，设立预警机制？

对此，企业采购人员要分析供应交付的流程，看哪些环节可以安插预警点。为了保证预警机制有效，除了预警点，还需安排相应的预警人员和负责人。沿着这个思路，供应交付的多级预警机制呼之欲出，供应交付的多级预警如图 2-4 所示。

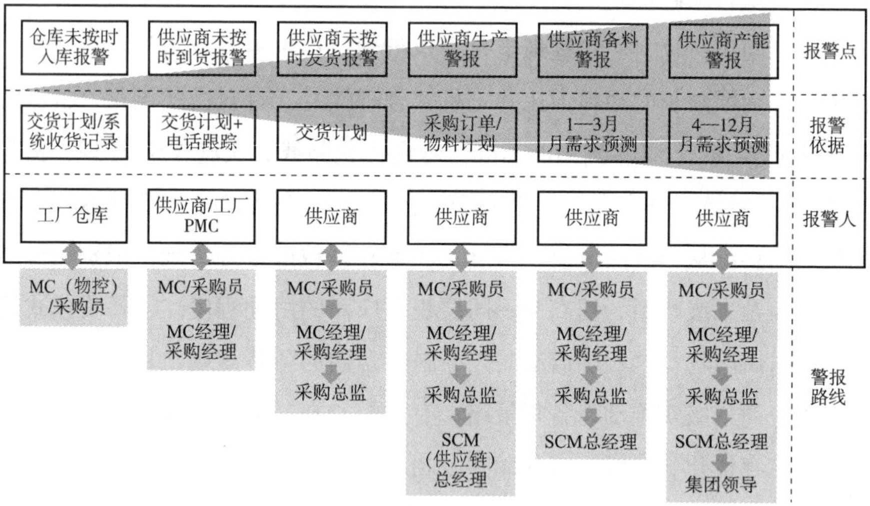


图 2-4　供应交付的多级预警

按照供应交付问题，可以将预警分为六级，分别为仓库未按时入库报警、供应商未按时到货报警、供应商未按时发货报警、供应商生产警报、供应商备料警报和供应商产能警报。对应的报警依据分别为交货计划/系统收货记录、“交货计划+电话跟踪”、交货计划、采购订单/物料计划、中期需求预测、中长期需求预测。

对于绝大多数企业来说，在第五级和第六级开始管理预警，即未按时到货或者未按时入库，因为这部分可控，企业内部由物控或采购部门负责，再由物控或采购部门联系供应商协调解决。对于第一级、第二级、第三级、第四级预警，很多供应商只能做到第四级——未按时发货报警，至于生产、备料和产能情况，则有可能对不重要的客户保密。

因此，除了供应交付的多级预警机制外，采购人员还需考虑供应商关系，具体如图 2-5 所示。

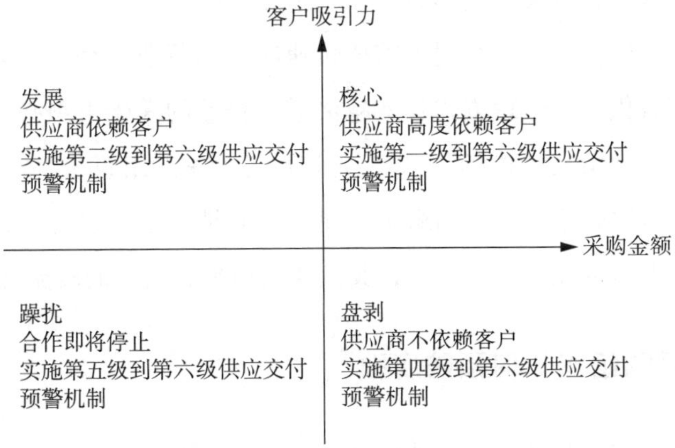


**图 2-5　供应商关系矩阵**

对于有意愿配合但能力不足的供应商，采购人员需要对其员工进行培训，帮助供应商建立产能、备料、生产和发货的预警机制，以便提早获知信息。

## 五、打造敏捷型采购组织

从产品研发到生产计划，企业面临的不确定性越来越大，敏捷管理被提上日程。对于采购部门来说，如何打造敏捷型组织至关重要。

举例来说，同样销售阳山水蜜桃，包装和品质相差并不大，主要取决于价格。如果一家突然打折促销，那么其销量自然激增，而别的商家可能会发现订单骤减。

这个时候，采购人员要立即查看能否把价格降到竞品的水平，甚至更低，以打击竞争对手，抢占市场。

在这个过程中，采购人员可能需要供应商（果园）的配合，也可能不需要。但采购人员必须在 30 分钟内做出决策，并完成价格调整。

如何打造敏捷型采购组织？

归根结底依靠人，依靠采购人才。对于一个组织来说，敏捷的本质就是“结构扁平化+授权”，让每个品类的相关部门（项目经理、研发人员、质量管理人员、采购人员、生产人员等）形成战斗小组，基于市场行情灵活运用各种战术，以便出其不意、克敌制胜。

特别是，快消品、互联网等需要快速响应的行业，企业的采购组织必须敏捷。随着供应链管理方式越来越灵活，企业的采购组织必须加强人才建设，从制度上给人“松绑”，以便打造敏捷型采购组织。

总之，敏捷是趋势，采购组织要迎合。但是在这个过程中，首先要加强的是采购人员的能力和责任心，其次才是扁平和授权的敏捷管理。

## 六、采购组织如何预防腐败

近年来，如何预防采购人员腐败成为热门话题。

在笔者看来，当一家企业出现了比较严重的贪腐问题（如采购人员频频向供应商索取回扣）时，企业高层首先需要从价值观层面进行反思。

那么，企业如何预防采购人员贪腐？

很多企业在发现贪腐问题时，通常会开除几名采购人员，以儆效尤，但是往往治标不治本。如果企业管理层贪腐，那么采购人员不可能廉洁。

要从根本上解决采购人员贪腐问题，可外聘品行和资历皆佳的职业采购经理，通过下达降本指标任务，建立考核监督机制。同时，要出台相应措施，具体如下。

一是设立防腐专门机构，指定专人负责。一旦采购人员有索取回扣等不正当行为，则交由专人负责处理。

二是贪腐零容忍政策。对于采购人员的违法违规行为决不姑息，严重者开除、违法者移交司法机关；同时，确保举报的供应商不会遭受打击报复。

三是开放采购流程。从寻源到询价再到下订单，整个采购流程透明化，对采购人员进行监督管理。

四是为采购人员提供公平的职业发展机会、优厚的薪资待遇和良好的工作环境，加强采购人员思想教育工作。

五是确保分工合理，牢记四分开原则，即需求、订单、收货和付款分属不同的部门、不同的人管理且接受监督。例如，需求归各产品或服务的使用部门负责，订单归采购部门负责，入库归仓库部门负责，付款归财务部门负责。分公司各职能部门应向总部对口部门汇报。

总之，防腐是一个系统工程，只有科学管理才能预防杜绝腐败问题。

## 七、采购管理的数字化转型

企业数字化转型和每一位采购人员息息相关。

正确理解企业的数字化转型，必须厘清以下两个问题。

### 1. 数字化转型是由哪些因素驱动

企业的任何转型都是由客户需求驱动。采购人员可从供应链发展的历程来了解客户需求的发展与变化，供应链发展的三个历程如表 2-6 所示。

**表 2-6　供应链发展的三个历程**

| 分类 | 功能型供应链 | 反馈型供应链 | 适应型供应链 |
|---|---|---|---|
| 聚焦整合 | 搞定瓶颈供应商 | 提升供应商竞争力 | 垂直协同、早期介入 |
| 聚焦客户 | 客户可以等：“我做好了再送给你。” | 客户需要拿到：“当你需要时，你就能拿到。” | 客户现在就要：“给你。” |
| 聚焦组织 | 各部门各自为政 | 内部协同 | 内外协同 |
| 备料方式 | 按库存生产 | 按订单生产 | 混合式 |
| 管理方式 | 层级式 | 命令式 | 合作式 |
| 聚焦技术 | 没有系统 | ERP | “互联网+” |
| 聚焦时间 | 几周 | 几天 | 实时 |
| 聚焦绩效 | 成本 | 成本和服务 | 销量和利润 |
| 合作水平 | 低 | 中 | 高 |
| 反馈时间 | 静态 | 中等 | 动态 |

在供应链发展的初始阶段，客户可以等我们，而我们可以对客户说“我做好了再送给你”。当供应链发展至反馈型供应链阶段，我们在拿到客户的计划后，需要按计划送给客户，即“当你需要时，你就能拿到”。但当我们进入 VUCA 时代（V 代表易变性，U 代表不确定性，C 代表复杂性，

A代表模糊性）时，由于“黑天鹅事件”频发，客户对我们的供应链提出更多要求，提出“我现在就要”。当客户现在就要时，我们必须有现货交付客户；否则，客户就会给我们的竞争对手下发订单。

随着市场需求和客户需求的变化，相应的技术手段应运而生。以采购与供应管理的工具来说，1990年，我们可以利用纸质订单和Excel管理企业的进、销、存。当管理层要获取报告做决策时，往往需要等待几周时间。2010年，很多企业已经安装了ERP系统，管理的反馈时间缩短到几天。2020年，很多企业已经在探索如何通过“互联网+”技术，实现信息共享、需求整合、实时沟通和适度监管，管理的反馈时间压缩至几秒。

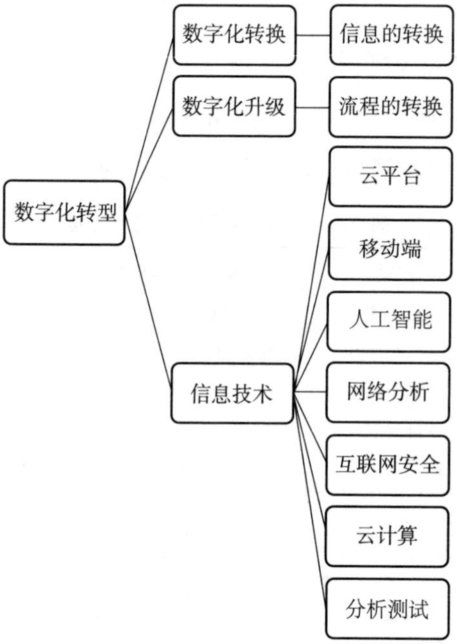


**图2-6　数字化转型**

2. 数字化转型是不是一种商业模式的重构

某些机构有意夸大数字化转型给企业带来的收益，以博取眼球或者争取订单，从而误导了客户。实际上，数字化转型的重点是基于现有业务模式提升效率和用户体验，而不是一种商业模式的重构。

如图 2-6 所示，数字化转型主要由三个部分构成。首先，采购人员需要把料号、产品描述、单位、价格、币种、合同等基本信息转换至互联网上，即完成数字化转换；其次，采购人员需要把采购与供应链管理的工作流程（含审批流程）搬到互联网上，即完成数字化升级；最后，通过先进的信息技术手段，如云平台、移动端、人工智能、网络分析、互联网安全、云计算，分析测试等，实现安全、高效、可靠的数字化转型。

那么，数字化转型能给采购人员带来什么实惠呢？

为此，我们可以看一下在未实施数字化转型的企业中，采购人员的日常工作场景。如图 2-7 所示，采购人员大部分时间被耗用在订单、追料、入库、对账等不产生价值的事务性工作上，却没有时间来做品类管理、采购策略、寻源、供应商准入等能增值的战略性工作，无法给企业创造更大的价值。

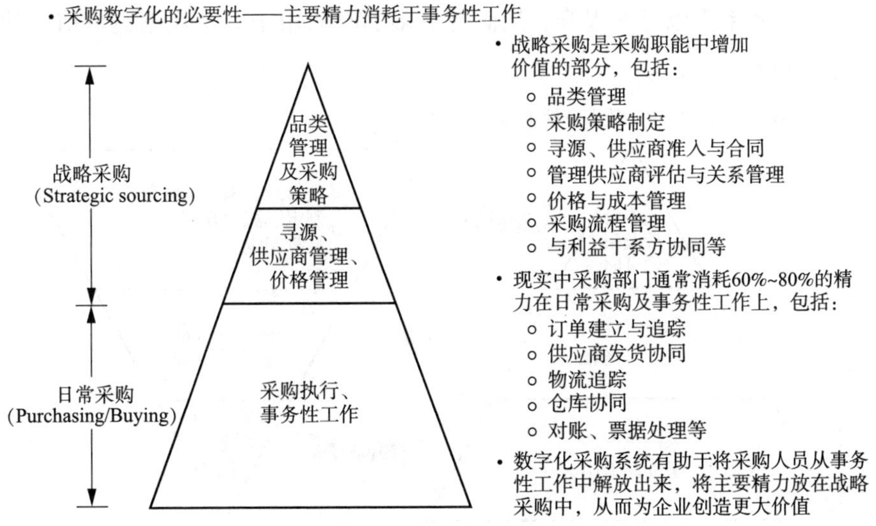


**图 2-7 采购数字化的必要性示意一**

从另一个角度考虑，如图 2-8 所示，按照帕累托法则，20%的订单会贡献 80%的价值。但是采购人员 80%的时间被消耗在低价值的长尾商品上，同样导致采购人员无法为企业创造更多价值。

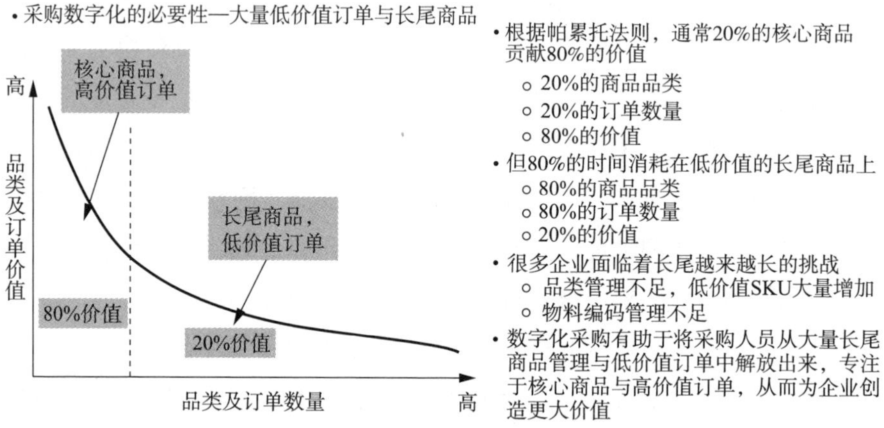


**图 2-8　采购数字化的必要性示意二**

那么，数字化转型是如何解决这些问题的呢？

如图 2-9 所示，利用信息技术和人工智能技术，采购人员日常的事务性工作的效率得以显著提升，从而有更多的时间用于为企业创造价值的战略性采购工作上。

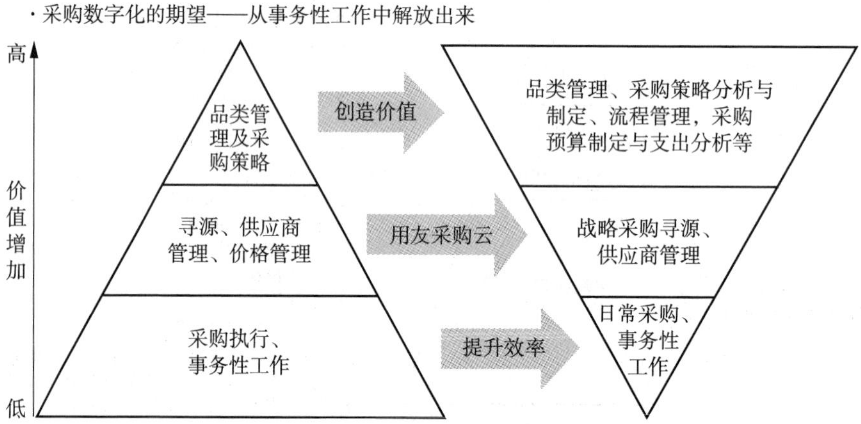


**图 2-9　采购数字化的必要性示意三**

更进一步，数字化转型是如何将采购人员从事务性工作中解放的呢？

如图 2-10 所示，数字化系统可以实现电子化和自动化的供应商管理、采购寻源、合同管理、采购到支付、目录化采购（工业品商城）和可视化管理与分析，并通过网络大数据对供应商的财务状况和信誉等级进行智能评判，帮助采购人员识别和规避采购风险，节约 50% 以上的事务性工作时间。

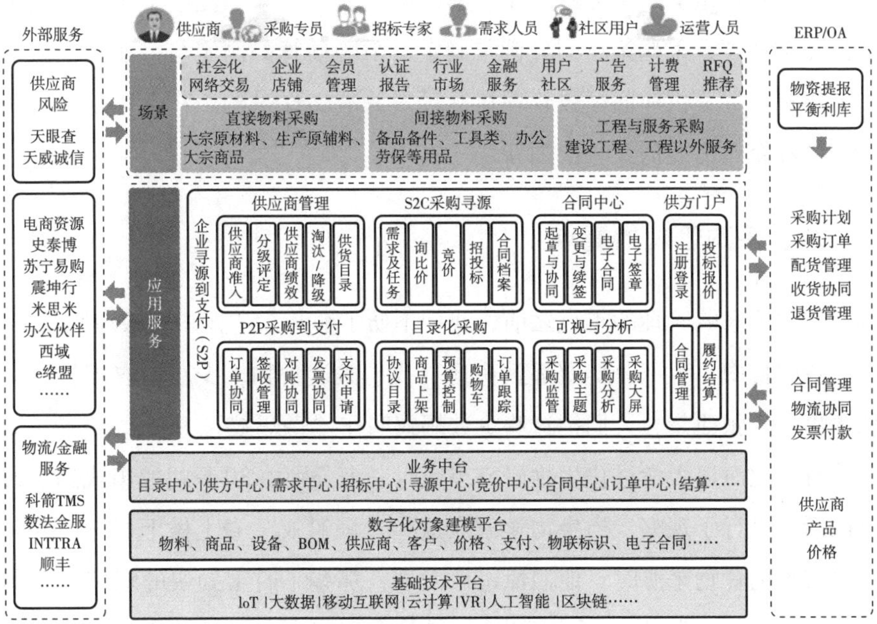


**图 2-10　采购数字化系统**

从供应商管理、合规管理和降本增效的角度来看，数字化转型可以帮助采购组织在以下 32 个管理节点上做提升，如图 2-11 所示。

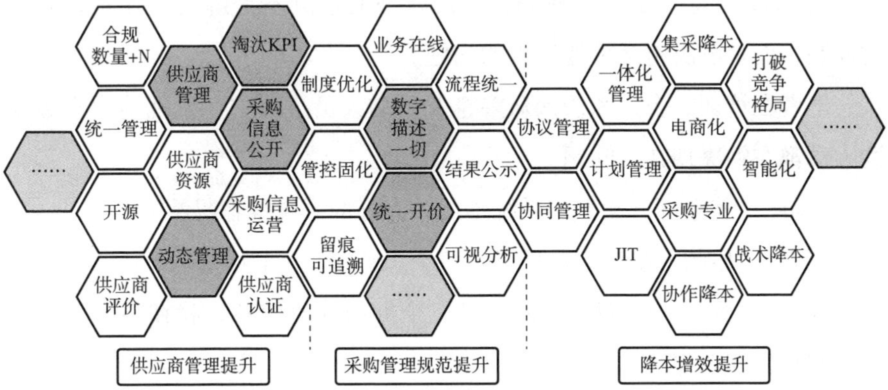


**图 2-11　管理提升节点**

数字化转型的本质是通过先进的互联网技术，帮助采购人员实现采购管理工作的“四个现代化”，即在线化、智能化、自动化和标准化，将采购人员从日常重复的事务性工作中解放出来，从而聚焦能够给企业创造价值的品类管理、采购策略的分析与制定、采购预算的制定与控制、供应商准入指标设置、供应商绩效管理指标设置等战略性采购工作上，是迎合时代发展和企业需要的又一次创新。

## 八、采购管理的重点

在讨论采购管理的重点之前，我们不妨了解一下“懒蚂蚁效应”。

在蚁群中，大部分蚂蚁都勤快地寻找、搬运食物，少数蚂蚁却整日无所事事、东张西望，人们把这些少数蚂蚁叫作“懒蚂蚁”。

日本北海道大学进化生物研究小组对三个分别由30只蚂蚁组成的黑蚁群的活动进行了观察。当生物学家在这些“懒蚂蚁”身上做上标记，并且断绝蚁群的食物来源时，他们惊奇地发现：那些平时很勤快的蚂蚁一筹莫展，而“懒蚂蚁”则“挺身而出”，带领众蚂蚁向它们早已侦察到的新的食物源转移。原来“懒蚂蚁”把大部分时间花在了“侦察”和“研究”上了。它们观察到组织的薄弱之处，同时保持对新的食物的探索状态，从而保证群体不断得到新的食物。

“懒蚂蚁效应”启发了我们，采购管理的重点不是解决现在正在发生的问题，而是解决将来可能发生的问题。

笔者在培训、咨询和访谈众多企业采购人员过程中，发现绝大多数采购人员都在解决现在的问题。

学员：“姜老师，我们的系统落后，有好的系统推荐吗？”

笔者：“你的系统怎么落后了？”

学员：“嗯……我们的合同要求三个部门同时盖章，我在想如何通过电子签章提高效率。”

笔者：“电子签章在国外极为普遍，如docusign；国内也有，如易签宝、上上签、法大大等。但是由于国内没有出台电子签章的配套法规，很多供应商不认电子签章。因此，国内电子签章主要应用于企业的内部签章。

“还有一个问题，就是这些信息系统公司只负责帮助企业理顺实施流程，而不是解决其业务问题。以合同签章流程来说，信息系统公司只会按照企业的现有流程来执行，所以即使企业实现电子化签章，多部门同时签章的问题依然存在，除非企业可以简化流程，否则信息系统公司无法解决企业的业务痛点。”

学员：“哦，那好吧。还有一个问题，我们的供应商准入流程形同虚设，供应商绩效管理制度不健全，这块应该怎么办？”

笔者：“找供应商不难，难的是找对供应商，做匹配的业务。这个时候供应商准入流程就会起到漏斗作用，通过财务健康度、质量管理、产能管理、技术能力、企业战略等维度筛选出最适合企业的供应商。供应商绩效管理的目的是优胜劣汰，要知道，大量统计数据显示，战略供应商的贡献往往占到持续降本增效贡献度的60%以上。因此，采购人员需要通过公平合理的方法找出谁是战略供应商，通过明确的奖励制度吸引战略供应商，同时引入更具竞争力的供应商来淘汰绩效不佳的供应商；否则，采购部门的绩效到了一定程度便难以持续。”

学员：“哦，好。我们还有个合规问题，是……”

看到这里，我们会发现根本问题：这位采购人员只是在考虑当下的问题，而没有考虑将来的问题。

当下的问题主要包括：①流程痛点；②业绩指标；③人员能力；④审计问题；等等。

将来的问题主要有：①采购组织如何帮助企业增加竞争力（战略）；②采购组织及个人的权责利是否清晰明了（定位）；③对采购人员应该进行哪些培训、认证，并提供哪些发展空间（能力）；④为什么采购部门制定的政策在基层和其他部门无法得到贯彻和执行，甚至不为所知（影响力）；⑤如何改变企业文化，为采购组织植入一种可持续的进化能力，通过建立新机制来解决新问题并不断改进（持续优化）？

要解决将来的问题，采购部门领导者及核心团队需要将其所扮演的角色从“工蚁头子”转变为“懒蚂蚁”，考虑将来的问题如何解决，而不是只带领团队“大干快上”，着眼于完成现在的任务。

那么，采购部门领导者应该如何着手解决将来的问题呢？

要解决将来的问题，采购领导者一定要打组合拳。将来的问题不是某一个点的问题，而是某一个面或者体的问题。例如，笔者看到某些采购管理基础薄弱的企业，还在用类似“贯宣”的形式做管理；落地的流程几乎没有，总是在发制度文件，解决不了基层的实际问题，这是明显的管理断层。为此，采购部门应该有一套完整的工作流程，覆盖采购工作的方方面面。

但是有了流程，有些采购部门领导者却变成流程的破坏者，导致流程形同虚设。没错，没有制约的权力只会导致灾难。企业在给予采购部门领导者充分权力的同时，要对其进行充分的制约，让其搭建一个合规的采购组织，采购部门领导者必须是合规管理的倡导者和模范。

这里不仅要解决流程与合规的问题，还有组织问题。采购管理不是封闭的，如绩效考核不佳的供应商改善无果，需要退出。供应商退出这个决策不能由采购组织单独决定，应该是质量部甚至审计部等部门的共同参与，以规避人为排挤供应商的可能。同样，要奖励哪个供应商，也应该由多部门参与评审。

综上所述，有了正确的战略、定位、组织、流程、合规管理，以及正确的企业文化、人员培养机制、影响力、绩效考评和信息系统的加持，企业的采购管理水平才能真正得以提升，才能够解决将来的问题，而不是疲于奔命，解决现在的问题。

# 第三章　采购风险洞察与管理

洞察指未动先察、洞悉本因、防患于未然，是新时代采购人员必备的业务素质。采购人员在维持供应的同时，要主动考察供应市场行情、供应商的产能与财务状况，以便规避供应风险，这是其洞察能力的体现。

## 第一节　采购风险管理

### 一、如何预防供应商串标

学员："公司进行招标，很多供应商串标，采购人员很被动。有什么方法可以规避供应商串标吗？"

针对这个常见问题，首先，采购人员需要给招标界定一个范围，只有一定金额以上非紧急采购需求才需要招标。招标只适合要求复杂（多方评估）或者金额较大（预防腐败）的采购需求；对于竞争充分、金额较小的采购需求，询比价即可。其次，采购人员需要澄清招标的概念。我们常说的招标，一般是指企业自行制定的招标流程。采购人员可尝试以下 6 种方法，预防控制供应商的串标行为。

1. 立言立行

识别并邀请诚意合作的供应商参与招标。通过认真讲解招标的内容、解答供应商的疑问，树立良好的企业形象。

2. 引入新供应商

企业每次招标，都要极力发展新的供应商参与，预防个别供应商掌控局势，随意控盘。

3. 电子竞价

停止使用传统密封开标的方法，使用电子化竞价，以便减少供应商的反应时间和回旋余地。

4. 虚拟玩家

引入虚拟玩家，参与电子竞价。但是切忌报价过低，容易暴露身份。

5. 收取保证金

向参标的供应商收取一定比例的保证金，可有效预防供应商恶意报价，中标后不认账的情况。

6. 一分钟开标

为了有效防止供应商相互串通，可以要求开标后，供应商在 1 分钟内一次性提交最低报价（该方法只适合电子招标）。

## 二、采购风险管理①

采购风险分为外部风险和内部风险。其中，采购的外部风险如图 3-1 所示。

**图 3-1 采购的外部风险**

1. 合同风险

企业面临的合同风险主要包括：①供应商以虚假的合同主体身份与采购方订立合同，以伪造、假冒、作废的票据或其他虚假的产权证明作为合同担保；②供应商接受采购方给付的货款、预付款、担保财产后逃之夭夭；③供应商为“皮包公司”，与企业签订空头合同后，将合同转包，从中谋利。

2. 技术风险

企业的产品由于技术进步或者因质量不符合要求引起贬值、无形损耗

① 部分内容参考了幸凤梅所著的《采购风险管理那些事儿》。

甚至被淘汰，导致原材料积压。

3. 质量风险

由于供应商提供的物资质量不符合要求，导致企业的产品未达到质量标准，或给用户造成经济、技术、人身安全、企业声誉等方面的损失。

4. 价格风险

采购人员对市场行情估计不准，盲目进货，产生价格风险。例如，2021 年，市场上铜价一路飙升，按照前期价格投标的项目，由于成本上涨，项目毛利受到影响。

5. 意外风险

自然灾害（地震、火灾、疫情）、政策调控（限水、限电）等不可抗力因素会影响企业采购合同的履行。

企业采购面临的内部风险如图 3-2 所示。

**图 3-2 采购的内部风险**

1. 计划风险

市场需求发生变动，会影响企业采购计划的准确性。采购计划管理流程不适当或不科学，会使采购计划与实际需求发生较大偏离。

2. 验收风险

在供应商交货阶段，采购人员要预防以下风险：供应商在数量上缺斤少两；在质量上鱼目混珠，以次充好；在规格上货不对路，不符合规定要求。

3. 存量风险

采购人员须把握好产品或服务的采购量。采购量过少，不能及时满足生产需要，引发缺货损失风险；采购量过多，大量资金沉淀于库存中，引发存货呆滞风险。

4. 责任风险

采购人员在合同签约过程中，若责任心不强未能把好关，容易引起合同纠纷；或假公济私、收受回扣、谋取私利。

5. 管理风险

企业内部管理不规范，内部流程衔接不畅，导致企业运营效率低，预留给采购的谈判时间、货期时间、物流时间等不充裕，会影响采购工作效果。

在日常采购工作中，上述风险无处不在，笔者依据风险对采购工作的影响程度，将采购风险划分为五类，如图 3-3 所示。其中，发生概率较高的为实际需求与预测的偏差和供应链断货风险，几乎占了采购工作 80%的工作量，而原材料价格上涨、重大质量问题风险和部件设计缺陷的技术风险，发生的概率相对较低。实际需求与预测的偏差会涉及计划风险、存量风险、意外风险和管理风险；而供应链断货则会涉及合同风险、技术风险和管理风险。

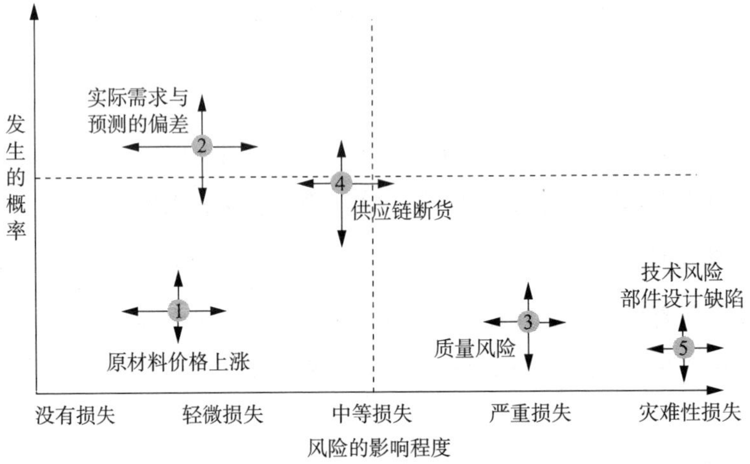


**图 3-3　风险对采购工作的影响**

那么，如何规避或应对这些风险呢？

常用的采购风险处理逻辑是事前管理（建立采购风险监控机制）和事后管理（建立快速反应机制）。

示例：

2019 年 2 月，笔者所在企业需要采购 2 个施耐德交流接触器。该交流接触器属于独家供货，工厂在武汉。因疫情影响，该工厂停产，原定于 3 月 15 日出货的计划无法实现。我方与客户签署的违约条款规定：违约金为 100 万元/周。

对此，如何处理？

笔者首先想到的是采购风险处理中的快速反应机制，并据此采取了以下措施。

1. 寻找替代方案

与企业技术部门沟通，寻找可替代的品牌和料号。

2. 直接与原厂商对接

通过供应商（代理商）与施耐德原厂沟通，确认能否从其他区域调货。

3. 借助客户力量

通过客户关系，与施耐德原厂的高层取得联系，将找货范围扩大到施耐德的国外工厂。

4. 全球寻源

经过全球寻源，笔者发现施耐德德国厂家生产的型号，与企业需求的两个型号完全对应。

5. 联系供应商高层

笔者通过向施耐德原厂方高层求助，争取了施耐德原厂家优先分配货源给我方，并加急空运到我方所在地江门。由于反应及时，从获知供应商难以按时交货至收到替代货源，不超过 3 周。

6. 借助不可抗力

从获知供应商难以按时交货开始，我方销售人员一直与客户沟通相关事宜的处理进度，借助疫情这一不可抗力因素，缓和客户情绪，以尽可能减少违约罚金。

7. 维护企业利益

一方面，努力取得客户方的谅解；另一方面，加强合同管理，与供应商就赔偿事宜进行谈判，将供应商延期交付造成的我方额外加急运费和客户延期交付违约罚金转嫁给供应商。

接下来，笔者着手建立采购风险监控机制，具体步骤如下。

1. 预警瓶颈物料

排查技术方案，对于核心部件制定2~3个品牌及型号的替代方案。

2. 合同过程控制

加强采购过程监控，以表的形式定期监控采购合同的执行、供应商的产能、生产进度、物流进度、供应市场跟踪，并告知相关部门。

3. 优化信息系统

加强供应端的信息交流，通过ERP系统，实现物资流、信息流和资金流的“三流合一”。将上述采购过程监控信息实时共享给计划、生产、质量等相关部门。

## 三、独家供应协议要不要签

供应商要求签署独家供应协议，采购人员如何应对？

采购人员在做出决策前，首先要考虑清楚为此可能要承担的风险，主要有以下三点：①因缺乏竞争而失去潜在的降本机会；②一旦独家供应商出现产能或质量问题，会影响到供应；③一旦出现违约情形，就有承担违约金和商誉损失的风险。

一般而言，供应商提出签署独家供应协议，是基于其独特的优势或考量，不外乎以下三种情况：①供应商有先进入者优势，欲垄断市场；②供应商以价换量，不希望引入竞争；③联合开发，供应商有投入。供应商凭什么要求签署独家供应协议？采购人员可通过分析以上三个情形，做出正确决策。具体决策逻辑如图3-4所示。

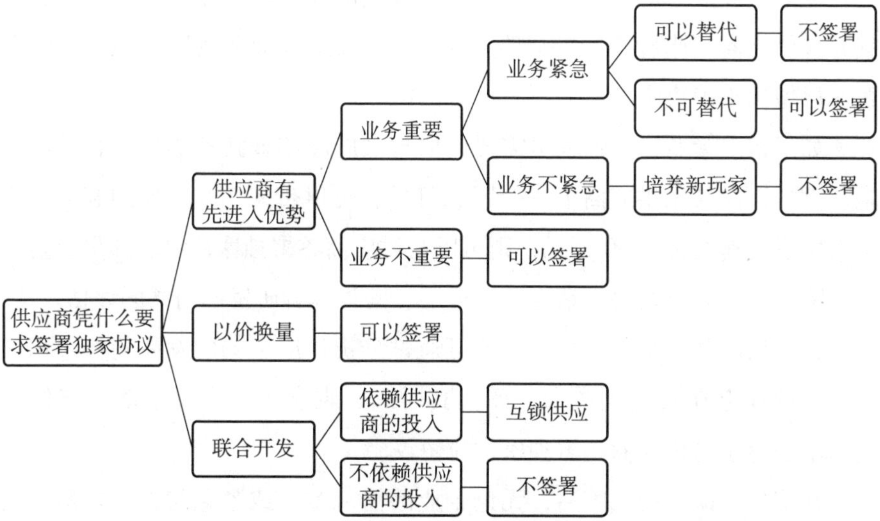


**图 3-4 独家供应协议的决策逻辑**

如果供应商属于第二种情况，采购人员可以根据供应商的供货绩效、产能情况、与客户的关系、价格竞争力等因素综合评估。如果供应商综合条件优良，则可以把签署独家供应协议作为“篮子里的鸡蛋”拿来与供应商交换，在协议中对供应商的产品价格年降、达交率、合格率等做硬性约束，且供应商不得要求高额的违约金。

如果供应商属于第三种情况，采购人员要看企业对于供应商投入的依赖程度。如果企业自有资金紧张、技术有限，很依赖供应商的前期投入，则可以通过签署互锁供应协议，确保供应商的投入获得合理回报的同时，明确企业独享联合开发的成果；如果企业不依赖供应商的前期投入，可以由企业支付设计费、模具费、样品费和认证费等费用，买断知识产权，降低切换供应商的难度，不与供应商签署独家供应协议。

如果供应商相对强势，属于第一种情况，那么采购人员可深入分析该业务对企业的重要性。

如果该业务对企业来说并不重要，可以和供应商签署独家供应协议。因为独家供应协议一般有年限限制，大不了协议到期企业再引入新的供应商。

但如果该业务对企业来说很重要，和供应商签署独家供应协议，企业就有被供应商“卡脖子”的风险。采购人员要对该业务的紧急性做深入分析，以做出正确决定。

如果情况紧急，采购人员需要评估与供应商签署独家协议的收益与风险。例如，向某家供应商下一个紧急订单，可以带来100万元的利润，而独家协议的违约金是50万元，则可以与供应商签署独家协议。如果收益低于风险，采购人员需要提请企业管理层、销售或者研发部门共同评估。

如果情况并不紧急，采购人员可通过分析供应市场的发展趋势，积极寻找、选择潜在备选供应商，评估其时间、难度等因素，主动培养供应商，不必急于与供应商签署独家供应协议。

在明确了谈判的底牌后，无论企业的需求重要或紧急与否，采购人员在与独家供应商谈判过程中，都要保持强硬立场，不可轻易答应供应商的要求。在很多时候，供应商提出这样的要求，反而是其底气不足的表现。因为很多供应商在预判供应市场可能出现拐点，供大于求，市场竞争越来越激烈的情况下，出于防止利益受损的目的，才会要求企业签署独家协议。这个时候，采购人员立场要坚定，或者表现出转移订单的意向，就能迫使供应商放弃签署独家供应协议的念头。

## 第二节　调查供应商财务状况[①]

### 一、解读供应商的资产负债表

作为采购人员，要学会解读供应商的资产负债表。在对供应商进行风险评估或者年度审核时，供应商的财务报表数据，往往隐藏着深层次信息。

通俗一点说，资产负债表代表了企业在某个时间节点的“家底”：拥有多少资产，有多少负债，资产扣减负债后剩下的就是所有者权益。企业

① 本部分内容参考了马江虹所著的《解码资产负债表，看看你的供应商是不是“家里有矿”》《挖掘利润表背后的高能信息！》《供应商的日子过得好不好？现金流量表都知道》。

资产负债表的基本结构如图 3-5 所示。

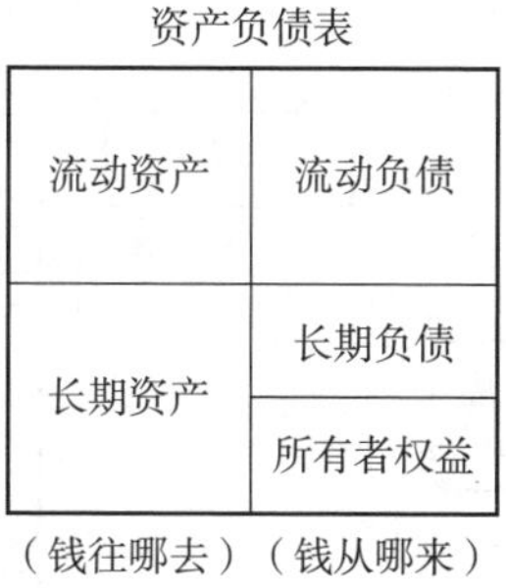


**图 3-5 企业资产负债表的基本结构**

如果把资产负债表看作一个永不倾斜的天平，则天平的左端托着资产，右端托着负债和所有者权益，左右两端永远保持平衡。

那么，企业资产负债表有哪些看点呢？具体如图 3-6 所示。

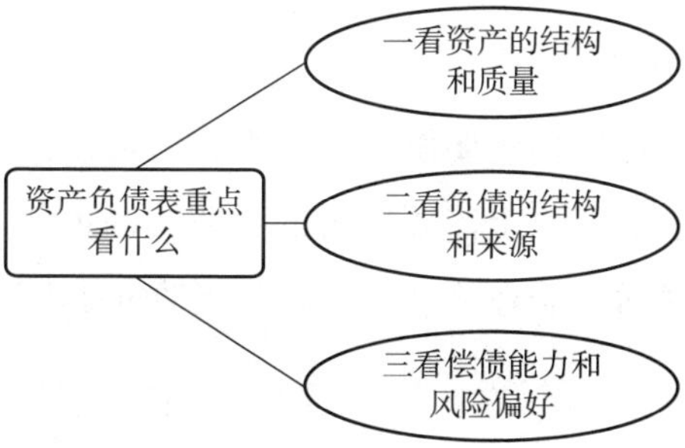


**图 3-6 企业资产负债表的三个看点**

1. 资产的结构和质量

什么是资产？未来能给企业带来价值的就是资产，盈利越多的资产质量越高。因此，资产的质量可称得上是资产负债表的灵魂。

如果企业某项资产在一年之内可以变现，则属于流动资产，超过一年才能变现的资产属于非流动资产，也称“长期资产”。对于采购人员来说，无论哪类企业资产，只要是金额大或者身份敏感的资产，都值得仔细分析。企业流动资产与长期资产类别如图 3-7 所示。

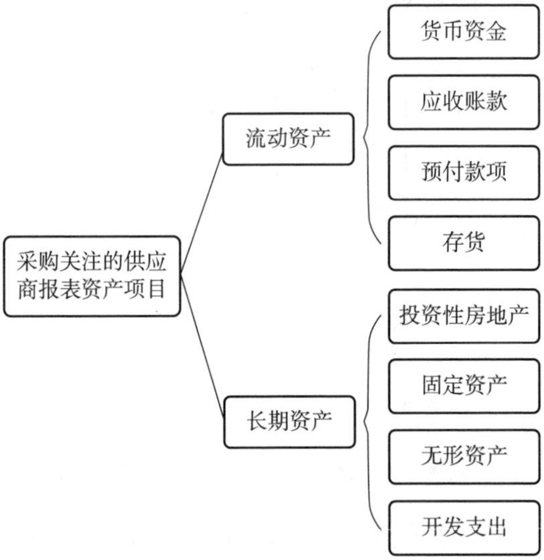


**图 3-7　企业流动资产与长期资产**

2. 负债的结构和来源

负债即欠款。一年之内需要偿付的，为流动负债，如短期借款、应付账款、预收账款等；一年以上需要偿付的为非流动负债，如长期借款、长期应付款和预计负债等。企业流动负债与非流动负债类别如图 3-8 所示。

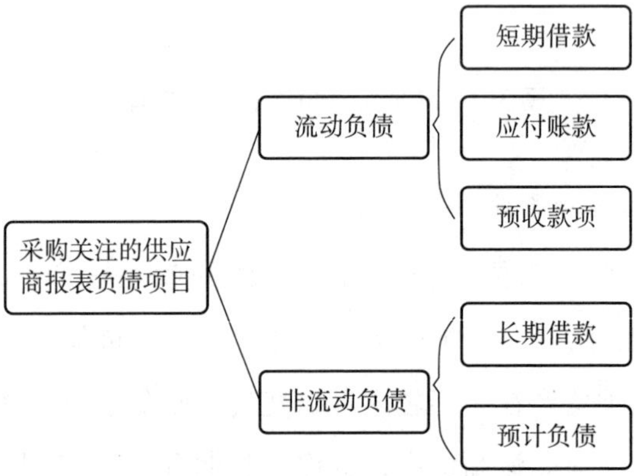


**图 3-8　企业流动负债与非流动负债类别**

3. 偿债能力和风险偏好

简单来说，如果流动负债大于流动资产，说明供应商偏于激进，如以短期借款去购买长期资产，稳健的做法是用流动负债支持流动资产，用长期负债支持长期资产。如果供应商大量用长期负债支撑流动资产需求，则属于保守型。供应商的风险偏好如图 3-9 所示。

**图 3-9 供应商的风险偏好**

通过对比供应商的流动资产和流动负债，可以看出供应商的短期还债能力好不好；通过对比供应商的总负债和总资产，则能看出其长期还债能力强不强。

通过资产负债表，采购人员可以看出供应商是真的“家里有矿”，还是虚假繁荣。

但这还不够，采购人员还得关注供应商的资产运作能力如何，其手中的资产能够为其带来多少收入和利润。

## 二、利润表背后的高能信息

采购人员可通过分析供应商的利润表，了解其盈利能力和空间。企业利润表的基本内容如表 3-1 所示。

**表 3-1 企业利润表的主要项目**

| 项目 | 本期金额 | 上期金额 |
|---|---|---|
| 一、营业收入 | | |
| 减：营业成本 | | |
| 税金及附加 | | |

续表

| 项目 | 本期金额 | 上期金额 |
| --- | --- | --- |
| 销售费用 | | |
| 管理费用 | | |
| 研发费用 | | |
| 财务费用 | | |
| 其中：利息费用 | | |
| 利息收入 | | |
| 加：投资收益（损失以“-”填列） | | |
| 资产减值损失（损失以“-”填列） | | |
| 二、营业利润（亏损以“-”填列） | | |
| 加：营业外收入 | | |
| 减：营业外支出 | | |
| 三、利润总额（亏损以“-”填列） | | |
| 减：所得税费用 | | |
| 四、净利润（净亏损以“-”填列） | | |

企业利润表有哪些主要看点？具体如图 3-10 所示。

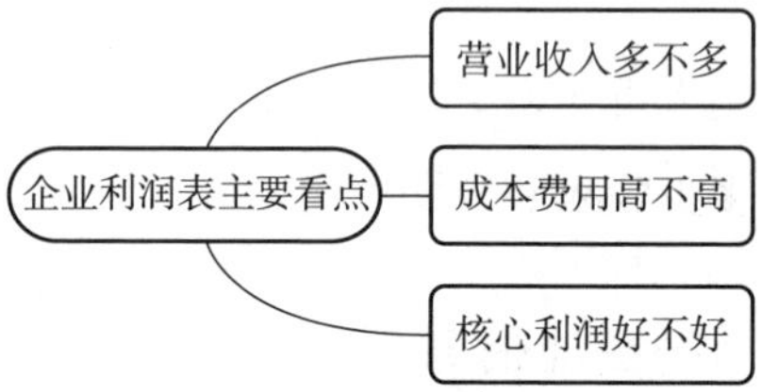


**图 3-10　企业利润表的主要看点**

1. 营业收入多不多

收入是利润的基础，有收入才有可能产生利润。企业收入包括营业收入和营业外收入。

（1）营业收入

采购人员可以从供应商营业收入的结构和增长率来分析供应商营业收入的质量及影响。

➢营业收入的结构。可按产品类别、行业或者地区对企业的营业收入进行细分。一方面，采购人员可以根据产品品类及采购金额来分析其采购额度在供应商营业收入中的权重；另一方面，采购人员需进一步了解供应商的前三大客户业务金额占其营业收入的百分比，分析供应商是否存在大客户依赖风险。通常一个客户的业务额占其营业收入的30%以上，说明其营业收入的稳定性堪忧。某汽车零配件供应商的营业收入结构如表3-2所示。

**表3-2 某汽车零配件供应商的营业收入结构**

| 项目 | 2020年 | | 同比2019年增减/% |
|---|---|---|---|
| | 金额/元 | 营业收入占比/% | |
| 营业收入合计 | 16892357701.77 | 100% | -1.18% |
| 分产品 | | | |
| 内饰件 | 7745577216.75 | 45.85 | -4.67 |
| 外饰件 | 2583189，969.10 | 15.29 | -2.44 |
| 金属件 | 4142694637.36 | 24.53 | 5.12 |
| 电子件 | 1377161866.67 | 8.15 | 2.77 |
| 其他 | 1043734011.89 | 6.18 | 0.41 |
| 分地区 | | | |
| 国内 | 14162067949.90 | 83.84 | 1.95 |
| 国外 | 2730289751.87 | 16.1 6 | -14.72 |

➢营业收入的增长率。供应商营业收入稳步增长，在一定程度上代表了其市场份额的提升，供应商可能因此变得强势。表3-2中的某汽车零配件供应商的营业总收入有所下滑，虽然各品类的营业收入有升有降，但从供应商销售人员提升业绩的角度来看，采购人员仍有机会在价格谈判中占据主动。

（2）营业外收入

对于企业来说，营业外收入过多未必是好事，为什么？因为营业外收入来源并不稳定，和企业的主要业务无关。

2. 成本费用高不高

成本费用是指企业为了实现收入而付出的人力、物力、财力，在企业利润表上，成本费用分为以下 5 种，具体如图 3-11 所示。

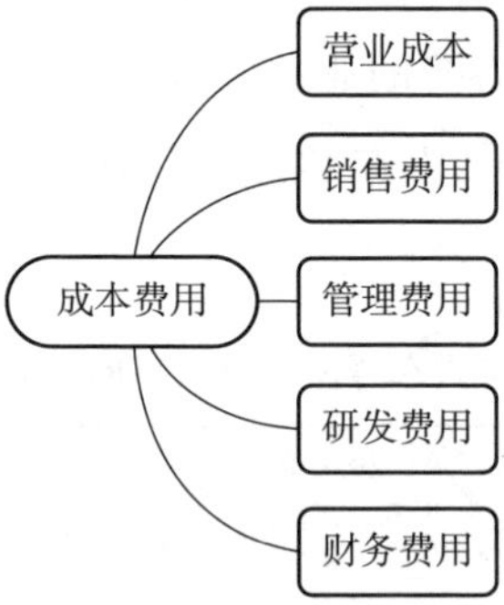


**图 3-11　成本费用类别**

（1）营业成本

营业成本指企业所销售商品或者提供劳务的成本。例如，对于汽车零配件制造商来说，零配件在生产过程中发生的料工费，在零配件出库之前体现为企业资产负债表上的存货，而当存货销售出库以后，这部分料工费就转化为企业利润表上的营业成本。

某汽车零配件供应商的营业收入及营业成本明细见表 3-3，某汽车零配件供应商的成本分解见表 3-4，当采购人员从该供应商处采购的是电子件时，通常可以做以下分析：

➢比较供应商前后两期营业成本占其营业收入的比重，并和供应商报价单上的成本占比进行对比；

➢比较供应商前后两期料工费占营业成本的比重，并和供应商报价单上的料工费占比进行对比；

➢横向比较该供应商与其他电子件供应商的营业成本，结合原料市场信息，交叉对比、寻找各供应商可能的降本空间。

由表 3-3、表 3-4 可知，该供应商电子件和金属件的营业收入都有所增长，但金属件的制造费用和人工费同比下降了 11. 57%，而电子件的制造费用和人工费却同比上升了 15. 29%。采购人员可以和供应商了解相关费用下降和上升的原因，挖掘降本空间。

表 3-3　某汽车零配件供应商的营业收入及营业成本明细

| 项目 | 营业收入/元 | 营业成本/元 | 营业成本与收入比/% | 营业收入同期增减/% | 营业成本同期增减/% |
|---|---|---|---|---|---|
| 营业收入合计 | 16, 892, 357, 701. 77 | 13, 469, 421, 037. 24 | 79. 74 | −1. 18 | −1. 47 |
| 分产品 | | | | | |
| 内饰件 | 7745577216. 75 | 5994. 915336. 38 | 77. 40 | −4. 67 | −5. 55 |
| 外饰件 | 2583189969. 10 | 2112004705. 05 | 81. 76 | −2. 44 | −1. 21 |
| 金属件 | 4142694637. 36 | 3561686663. 77 | 85. 98 | 5. 12 | 6. 80 |
| 电子件 | 1377161866. 67 | 983828394. 97 | 71. 44 | 2. 77 | −0. 11 |

表 3-4　某汽车零配件供应商的成本分解

| 产品分类 | 项目 | 2020 年 | | 2019 年 | | 同比增减/% |
|---|---|---|---|---|---|---|
| | | 金额/元 | 占营业成本比重/% | 金额/元 | 占营业成本比重/% | |
| 金属件 | 直接材料 | 2, 957, 598, 059. 06 | 82. 41 | 2, 644, 394, 433. 68 | 78. 75 | 11. 84 |
| | 制造费用和人工费 | 631, 110, 227. 03 | 17. 59 | 713, 722, 463. 75 | 21. 25 | −11. 57 |
| 电子件 | 直接材料 | 654, 365, 373. 75 | 63. 85 | 693, 701, 786. 33 | 68. 34 | −5. 67 |
| | 制造费用和人工费 | 370, 424, 032. 20 | 36. 15 | 321, 304, 313. 43 | 31. 66 | 15. 29 |

（2）销售费用

销售费用是企业销售产品/服务过程中产生的费用，包括销售人员的工资、展会费用、差旅费等。分析销售费用，主要看其是否带动了营业收入的增长；否则，销售费用就要控制。

（3）管理费用

管理费用不仅包括管理、人事、财务以及采购等人员的工资，还包括各种办公费用。作为采购人员，要特别留意管理费用占比高且逐年上升的供应商。

（4）研发费用

企业要发展，离不开持续的研发投入。但创新研发的失败概率很高，在研发上持续高投入的供应商面临较高的风险。采购人员须综合评估供应商的研发水平。

（5）财务费用

财务费用主要是企业借款支付的利息和手续费等。财务费用高，说明供应商的借款多，采购人员须留意其现金流是否充裕。

3. 核心利润好不好

采购人员要重点关注供应商的三个利润指标：毛利润及毛利率、核心利润、净利润及销售净利率，如图 3-12 所示。

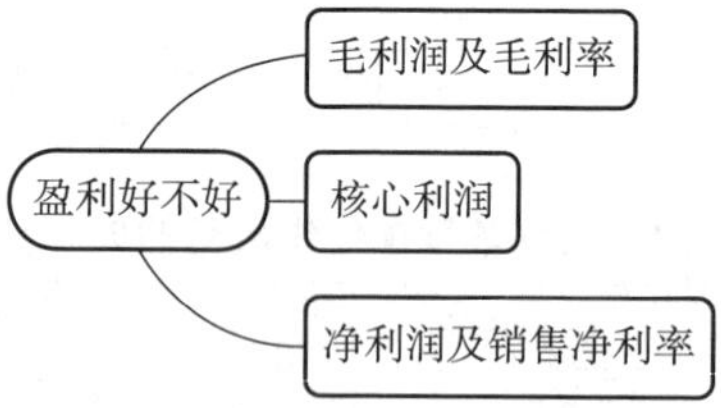


**图 3-12　企业的三个主要利润指标**

（1）毛利润及毛利率

供应商的营业收入减去其营业成本，即为其毛利润，而供应商的毛利润与其营业收入的比值即为毛利率。采购人员须计算分析供应商前、后两期毛利率的变化，并和企业采购产品的毛利率做对比，以便在与供应商进行价格谈判时有的放矢。某汽车零配件供应商的毛利率见表 3-5。由表 3-5 可以看出，供应商对不同品类的产品有不同的定价策略，毛利率也有所不同。该供应商的电子件毛利率在其所有品类中相对较高，且同期有所提高。因此，在同等条件下，迫于采购方的施压，供应商对电子件产品降价的可能性更大。

**表 3-5　某汽车零配件供应商的毛利率**

| 项目 | 营业收入/元 | 营业成本/元 | 毛利率/% | 营业收入同期增减/% | 毛利率同期增减/% |
|---|---|---|---|---|---|
| 营业收入合计 | 16892357701. 77 | 13469421037. 24 | 20. 26% | -1. 18 | 0. 23 |
| 分产品 | | | | | |
| 内饰件 | 7745577216. 75 | 5994915336. 38 | 22. 60 | -4. 67 | 0. 72 |
| 外饰件 | 2583189969. 10 | 2112004705. 05 | 18. 24 | -2. 44 | -1. 02 |
| 金属件 | 4142694637. 36 | 3561686663. 77 | 14. 02 | 5. 12 | -1. 35 |
| 电子件 | 1377161866. 67 | 983828394. 97 | 28. 56 | 2. 77 | 2. 06 |

（2）核心利润

是不是毛利润高就可以？恐怕不行。毛利润高，各项成本费用也可能高。采购人员可用供应商的毛利润减去其应交的税金、销售费用、管理费用、研发费用和财务费用，计算出供应商的核心利润。核心利润可真实反映企业的生产经营状况，供应商的核心利润越多，说明其可持续经营能力越强。

（3）净利润及销售净利率

销售净利率指企业净利润占其销售收入的比重，大部分制造业企业的销售净利率通常在5%~10%，制造业企业销售净利率超过10%说明其盈利能力很强。某汽车零配件供应商2020年的销售净利率为6.68%，其盈利水平居中，相比2019年的7.45%有所下滑，如表3-6所示。采购人员应引导供应商或者与供应商一道挖掘控制成本费用的空间，实现双赢。

**表3-6　某汽车零配件供应商的净利润**

| 项目 | 2020年 | 2019年 | 同比增减/% |
|---|---|---|---|
| 净利润/元 | 1128276093.09 | 1272617656.55 | -11.34 |
| 销售收入/元 | 16892357701.77 | 17093435579.76 | -1.18 |
| 销售净利率/% | 6.68 | 7.45 | -10.29 |

## 三、供应商的现金流量表

实践中，常会出现这样的情况：企业利润表反映净利润很高，但企业的账户上并没有多少资金可用。对此，可通过企业的现金流量表来说明问题。企业现金流量表如表3-7所示。

**表3-7　企业现金流量表**

| 项目 | 本期金额 | 上期金额 |
|---|---|---|
| 一、经营活动产生的现金流量 | | |
| 销售商品、提供劳务收到的现金 | | |
| 收到的税费返还 | | |
| 经营活动现金流入小计 | | |
| 购买商品、接受劳务支付的现金 | | |

续表

| 项目 | 本期金额 | 上期金额 |
|---|---|---|
| 支付给职工及为职工支付的现金 | | |
| 支付的各项税费 | | |
| 经营活动现金流出小计 | | |
| 经营活动产生的现金流量净额 | | |
| 二、投资活动产生的现金流量 | | |
| 收回投资收到的现金 | | |
| 取得投资收益收到的现金 | | |
| 处置固定资产、无形资产和其他长期资产收回的现金净额 | | |
| 投资活动现金流入小计 | | |
| 构建固定资产、无形资产和其他长期资产支付的现金 | | |
| 投资支付的现金 | | |
| 投资活动现金流出小计 | | |
| 投资活动产生的现金流量净额 | | |
| 三、筹资活动产生的现金流量 | | |
| 取得借款收到的现金 | | |
| 发行债券收到的现金 | | |
| 筹资活动现金流入小计 | | |
| 偿还债务支付的现金 | | |
| 分配股利、利润或偿付利息支付的现金 | | |
| 筹资活动现金流出小计 | | |
| 筹资活动产生的现金流量净额 | | |

1. 有利润不代表有现金流

资产负债表和利润表的编制原则是权责发生制，而现金流量表的编制规则是收付实现制。权责发生制是以权利和责任的发生来决定收入与费用归属期的会计记账原则。收付实现制则是在会计核算中，以款项是否已经收到或付出作为计算标准，来确定本期收益和费用的一种方法。

依据权责发生制，产品卖出去了就可以确认营业收入，不管货款何时到账，利润自然也产生了。但按收付实现制，货款没有收回就不能确认收入，自然谈不上利润。因此，供应商的现金流量状况，与其应收账款能不能按时收回有很大的关系。

2. 细数现金流量表三大模块

总的来说，供应商的现金流量表有三大模块，分别反映了供应商的经营、投资和筹资活动状况，具体如图 3-13 所示。

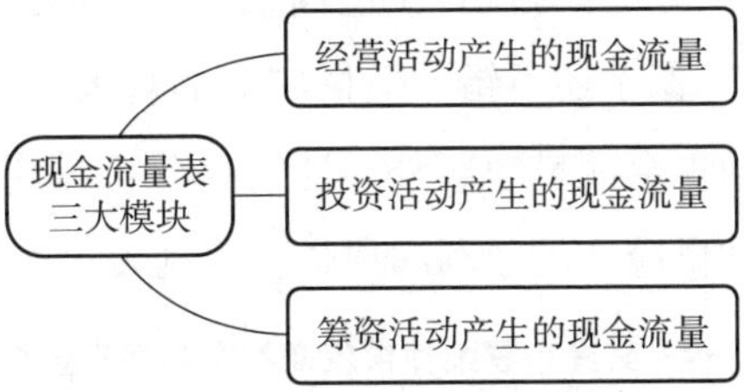


**图 3-13 供应商现金流量表的三大模块**

（1）经营活动产生的现金流量

某汽车零配件供应商的经营活动现金流量见表 3-8。对于生产汽车零配件供应商来说，其围绕生产和销售汽车零配件开展的活动就是经营活动。简而言之，该汽车零配件供应商销售汽车零配件收回的应收账款，采购原材料等支付的应付账款，支付员工的应付工资、奖金，上缴税务部门的各种税金等都是其经营活动现金流量。分析供应商的经营活动现金流量，主要看其现金流量净额，即供应商的收入，有没有入不敷出。

**表 3-8 某汽车零配件供应商的经营活动现金流量** 单位：元

| 项目 | 2020 年度 | 2019 年度 |
|---|---|---|
| 一、经营活动产生的现金流量 | | |
| 销售商品、提供劳务收到的现金 | 14736272434.29 | 12823935236.21 |
| 收到的税费返还 | 32423122.60 | 59031219.26 |
| 收到其他与经营活动有关的现金 | 209725786.41 | 120485240.08 |
| 经营活动现金流入小计 | 14978421343.30 | 13003451695.55 |
| 购买商品、接受劳务支付的现金 | 8247257155.61 | 6919373985.29 |
| 支付给职工及为职工支付的现金 | 2322206807.21 | 2345950324.20 |
| 支付的各项税费 | 717033277.08 | 683377623.78 |

续表

| 项目 | 2020 年度 | 2019 年度 |
|---|---|---|
| 支付其他与经营活动有关的现金 | 822144329.40 | 1045703383.23 |
| 经营活动现金流出小计 | 12108641569.30 | 10994405316.50 |
| 经营活动产生的现金流量净额 | 2869779774.00 | 2009046379.05 |

由表 3-8 可知，该汽车零配件供应商最近两年的经营活动现金流量净额均在 20 亿元以上，似乎还不错。但供应商的规模和资本结构有所不同，除了分析其经营活动现金流量净额外，还需要分析供应商的净利润现金含量，如某汽车零配件供应商的净利润现金含量见表 3-9。

**表 3-9　某汽车零配件供应商的净利润现金含量**　　单位：元

| 项目 | 2020 年度 | 2019 年度 |
|---|---|---|
| 经营活动产生的现金流量净额/元 | 2869779774.00 | 2009046379.05 |
| 净利润/元 | 1128276093.09 | 1272617656.55 |
| 净利润现金含量/% | 2.54 | 1.58 |

如何计算供应商的净利润现金含量呢？很简单，采购人员可把供应商的经营活动现金流量净额和其净利润做对比，就可知道供应商的净利润现金含量了，通常要求供应商的净利润现金含量最好大于 1。以表 3-9 为例，该汽车零配件供应商 2019 年的净利润现金含量为 1.58，2020 年上升到了 2.54，净利润现金含量持续大于 1 且处于上升趋势，说明该供应商的经营状况较好，应收账款基本能按时回款，整体风险可控。

（2）投资活动产生的现金流量

投资活动主要指企业投资扩产、投资入股等经营活动，采购人员要留意供应商是否把大量资金用于与经营无关的股票、基金等理财投资活动，如某汽车零配件供应商的投资活动现金流量见表 3-10。一般情况下，有投资活动意味着有现金支出，投资活动现金流量净额通常为负数。如果供应商的投资活动现金流量净额为正数，且有大批量处置资产的现金流入，那么采购人员一定要警觉，要深入分析供应商大量处置资产的背后原因。

表 3-10 某汽车零配件供应商的投资活动现金流量 单位：元

| 项目 | 2020 年度 | 2019 年度 |
| --- | --- | --- |
| 二、投资活动产生的现金流量 | | |
| 取得投资收益收到的现金 | 66936693.46 | 55101188.58 |
| 处置固定资产、无形资产和其他长期资产收回的现金净额 | 93964975.76 | 87244670.22 |
| 收到其他与投资活动有关的现金 | 59698192.23 | 432086.44 |
| 投资活动现金流入小计 | 220599861.45 | 142777945.24 |
| 购建固定资产、无形资产和其他长期资产支付的现金 | 765393865.19 | 735406563.60 |
| 投资支付的现金 | 3250000.00 | 334745177.56 |
| 投资活动现金流出小计 | 768643865.19 | 1070151741.16 |
| 投资活动产生的现金流量净额 | −548044003.74 | −927373795.92 |

此外，采购人员还需了解供应商的自由现金流。自由现金流指企业经营活动现金流量净额和其投资活动现金流量净额之和。如表 3-11 所示，该汽车零配件供应商可以自由支配的自由现金流较充沛，可以为其生产经营活动提供强有力的支撑。

表 3-11 某汽车零配件供应商的自由现金流 单位：元

| 项目 | 2020 年度 | 2019 年度 |
| --- | --- | --- |
| 经营活动产生的现金流量净额 | 2, 869, 779, 774.00 | 2, 009, 046, 379.05 |
| 投资活动产生的现金流量净额 | −548, 044, 003.74 | −927, 373, 795.92 |
| 自由现金流 | 2, 321, 735, 770.26 | 1, 081, 672, 583.13 |

（3）筹资活动产生的现金流量

企业筹资活动现金流量包括企业投资或者贷款获得的现金流入，以及企业支付借款本息而产生的现金流出。如果企业筹资活动引起的现金流入大于企业筹资活动产生的现金流出，筹资活动现金流量净额显示为正数；则说明企业的资产负债率提高，采购人员需进一步了解供应商筹资的目的和用途，评估其是否有后续的偿债风险。如某汽车零备件供应商的筹资活动现金流量见表 3-12。

表 3-12　某汽车零备件供应商的筹资活动现金流量　　单位：元

| 项目 | 2020 年度 | 2019 年度 |
| --- | --- | --- |
| 三、筹资活动产生的现金流量 | | |
| 吸收投资收到的现金 | 5877097. 50 | |
| 取得借款收到的现金 | 803231829. 96 | 1156295795. 16 |
| 筹资活动现金流入小计 | 809108927. 46 | 1156295795. 16 |
| 偿还债务支付的现金 | 1009848503. 16 | 1936797276. 93 |
| 分配股利、利润或偿付利息支付的现金 | 315063143. 30 | 281618293. 16 |
| 支付其他与筹资活动有关的现金 | 21349782. 91 | 118307044. 50 |
| 筹资活动现金流出小计 | 1346261429. 37 | 2336722614. 59 |
| 筹资活动产生的现金流量净额 | -537152501. 91 | -1180426819. 43 |

由表 3-12 可知，该汽车零配件供应商最近两年的筹资活动现金流量净额皆为负数，说明其新增的债务较少，偿还旧债的本金和利息支出较多，从另一个角度说明了该供应商现金流充裕，其经营活动产生的现金流可以负担还本付息的支出。

任正非有句话一语中的，“我们要坚持有利润的增长，有现金流的利润”。现金流之于企业，如同电能之于电动汽车。没有电能，电动汽车就动不了；同样，没有现金流维持企业的日常运转，企业就会停摆。作为采购人员，要学会解码供应商的财务报表，看穿供应商的“家底”，寻找既有利润又有现金流的优质企业，最大限度地降低由供应商的财务风险引发的供应风险。

## 第三节　采购审计事项①

没有记录，就没有工作。有关采购的审计都是围绕供应商这个核心点展开的。从供应商生命周期管理的角度来看，在审计人员的眼里，采购管理文件和采购记录是不可或缺的，具体如图 3-14 所示。

① 本部分内容参考了马江虹所著的《这样做采购，连审计都会为你点赞!》。

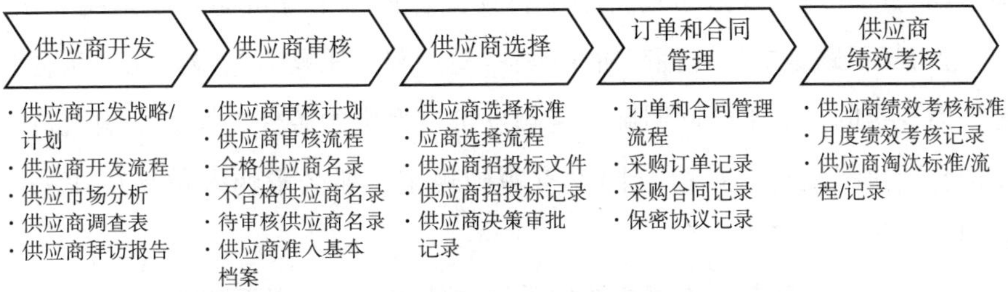


**图 3–14　不可或缺的采购管理文件和采购记录**

## 一、价格管理

考虑到审计人员对价格的重视程度，先把价格管理从供应商生命周期流程中拎出来单独解释。

1. 询价、比价

供应商的报价单可佐证询价的合规性。从合规的角度来看，报价单应该带有销售方的签字和盖章，没有签字、盖章的报价单别说审计人员不认可，企业的财务人员也不认可。拿到报价单之后，怎么分解报价，如何比价，采购人员要能够解释清楚。如果市场竞争充分，则至少要货比三家，避免出现关联公司及供应商多次参与报价且价格很高。另外，比价的基准是总成本，还是只比单价，导致买得便宜、用着贵，这是采购人员认知水平的体现。

2. 价格谈判

询价、比价是议价的基础，通常采购人员不可直接接受供应商的第一次报价。在价格谈判环节，采购人员要做好市场调查，组建具有丰富经验的谈判团队，并切实做好谈判记录，如此方能体现采购人员为争取合理的价格，不遗余力；否则，采购人员百口莫辩。

3. 价格变更

基于价格的敏感性，采购人员不得随意更改录入系统的价格；即使要改，也得经过审批流程，由专人负责更新系统价格。价格变更，有升有降。如果审计时正好是市场价格下行期间，那么审计可能会问采购人员："最近市场下跌你的供应商降价了吗？"这时候，采购人员最好先确认合同是如何规定的。如果合同明确规定触发价格变更的条件，那么采购人员只需按合同执行就好；如果合同没有明确规定，那么采购人员须尽快完善合同。

在价格管理环节，不可或缺的采购文件和记录有以下几种：

➢采购价格及其变更审批流程；

➢供应商的报价单及价格分析记录；

➢市场价格跟踪记录；

➢产品历史价格记录；

➢采购价格谈判记录；

➢采购价格变更审批记录。

## 二、供应商开发

供应商开发是一个很有战略价值的采购环节。从整个供应链的视角来看，供应商是企业对外的有机延伸，供应商开发就是要寻找能够和企业相得益彰的供应商。

要做好供应商开发工作，首先要有明确的供应商开发战略。这个战略，并不是采购人员可以自由决定，而是根据企业的总体战略自上而下分解而来。例如，采购人员须从企业的核心竞争要素出发，基于自制与外包、需求分析，同时结合采购的品类管理战略、供应商绩效考核结果，以及其他供应风险因素，做好供应商开发的整体规划。

有时候，审计人员可能会要求采购人员提供前后两三年的合格供应商名录，审查其中的变化。如果基本没有变化，那么潜在的问题是：为什么没有开发新的供应商，或者新开发的供应商为什么这么少，又或者为什么某个品类没有备选供应商？引入新的供应商的节奏，如同企业的员工流动率一样，不流动或者流动过快都不利。如果采购部制订了适当的供应商开发计划，就可以从容应对这些问题了。

开发供应商的过程其实就是分析供应市场，筛选潜在供应商的过程。有了开发战略，供应商开发的大方向就有了；有了计划和流程，供应商开发才能有条不紊地实施。在开发供应商的过程中，凡是能够以书面形式留存的重要记录，都要留存，既方便采购人员日后查询，也便于审计人员审查。

在供应商开发环节，不可或缺的采购文件和记录主要有以下四类：

➢供应商开发战略或计划及开发流程；

➢供应市场分析及潜在供应商列表；

➢供应商调查表；

➢供应商拜访报告。

## 三、供应商审核

供应商审核，通常包括新供应商的准入审核和现有供应商的年度审核。供应商审核最好由专人负责，避免出现采购人员开发供应商，同时由其负责审核这种说不清道不明的情况。

1. 跨部门审核小组

供应商审核切忌采购人员“一言堂”。明智的做法是组建包括企业采购人员、质量管理人员、技术人员和财务人员的跨部门审核小组，成员从各自擅长的领域分别给供应商做诊断，全方位、多角度评估供应风险，再由采购人员汇总审核结果，集体讨论决策。需要复审的，最好先做出具体的复审计划，供应商完成整改后再审核。

2. 供应商准入资料

在新的供应商导入企业系统环节，审计人员首先要看供应商主文档录入有没有专人负责，相关管理权限如何设置，并重点审查供应商的档案资料。从供应商的营业执照，到相关行业要求的各种认证；从最初的供应商拜访记录，到供应商审核报告，供应商准入之前采购人员所做的工作，都要有记录。审计人员通过对供应商档案资料的审查，往往能发现很多问题，如根据法人代表、注册地址、股东信息甚至电话号码等进行搜索，可以分析查证供应商是不是虚构，是不是存在供应商的关联公司，或者和企业员工有无关联等。

3. 合格供应商名录

通过审核的供应商，可以进入企业合格供应商名录。但对于采购人员来说，除了备好合格供应商名录外，还要留存不合格或者待审核供应商名录，以备审计人员审查。为什么？因为不合格或者待审核供应商名录往往是审计的突破口。假设企业的采购记录显示，有采购订单流向不合格或者待审核供应商名录中某个供应商，采购人员则需要查明原因，并备好书面证据，与相关订单共同保存。

在供应商审核环节，不可或缺的采购文件和记录主要有以下几类：

➢供应商审核计划和流程；

➢供应商审核记录；

➢合格、不合格、待审核供应商名录；

➢供应商准入基本档案资料。

## 四、供应商选择

在供应商选择上，采购人员务必组织研发人员和质量管理人员共同综合评估产品/服务的质量、价格、交货期以及产能等供应因素，做出集体决策。

对于通过招投标方式选择的供应商，从招投标制度和流程，到参与投标的供应商提交的相关文件，再到每个招投标环节的授权、审批，以及如何开标、定标，所有的记录必不可少。尤其是企业已制定招投标制度，对于需紧急采购的某些固定资产等重大物资，无法走常规的招投标流程，审批、授权的文件必须齐备。

另外，在选择供应商时，如果采购人员选择的供应商是代理商而不是原厂，甚至不是总代理或者一级代理，就要准备好迎接审计人员的质疑。采购人员在选择中间商的同时，就得准备好选择中间商而不是原厂商的理由和价值。例如，原厂商只通过经销渠道销售，采购人员可以让原厂商提供文件或邮件；如果原厂商嫌采购量小，不报价或者报特高价，采购人员也要把相关邮件保存。

在供应商选择环节，不可或缺的采购文件和记录主要有以下几类：

➢供应商选择的标准和流程；

➢供应商招投标文件和记录；

➢供应商选择的决策审批记录。

## 五、订单和合同管理

在审计人员眼里，订单和合同管理，重在审批权限和例外情形的管理。合同条款是否经过法务的审核是审计人员比较在意的，采购部门不能自行草拟和审核合同。合同的变更管理也是审计重点，有的主合同以价格清单作为合同附件，如果采购价格有更新，采购人员要同时更新合同附件。另外，在合同到期之前的1~3个月，采购人员就需要准备合同续签事宜。考虑到每个供应商的数字化程度不同，须同时留存合同的电子文本和纸质文本。

通常，对于批量采购业务，采购人员在向供应商下订单之前，主框架合同必须先经审批，且须有购销双方的签字、盖章。但对于金额较小的一次性采购，如果企业明确规定了多少金额以下可以采购订单替代合同，按规定执行即可。还有一点很重要，采购订单或者合同的编码必须连续编号，且不能重、不能漏，作废订单，也须保留。对于某些在销售发票日期之后补下的采购订单，采购人员须证明这些订单经过了例外审批。

在订单和合同管理环节，不可或缺的采购文件和记录有以下几类：

➢订单和合同管理的相关流程；

➢采购订单记录（双方签字、盖章）；

➢采购合同记录（双方签字、盖章）；

➢保密协议（双方签字、盖章）。

## 六、供应商绩效考核

企业基于战略选择和行业特征，对供应商绩效考核的标准各不相同，且会根据考核结果对供应商进行分类，如优选型、合作型，或者淘汰型。供应商分类只是手段而不是目的，目的是优化资源配置，启动风险预案，引进需要引进的供应商。

供应商的月度绩效考核，程序文件怎么规定就应该怎么执行。例如，绩效考核文件要求，如果供应商连续几个月考核不达标，就要接受惩罚，或者连续几个月考核不达标，就要淘汰。审计人员可能就会关注这个点，要查看相关记录，看采购人员是否按照规定实施。只要有考核，就有供应商的优胜劣汰。为此，淘汰流程要跟上，且淘汰的供应商是否有资格重新审核准入，要有明确规定。

在供应商绩效考核环节，不可或缺的采购文件和记录有以下几类：

➢供应商绩效考核程序文件；

➢供应商月度绩效考核记录；

➢淘汰供应商的标准、流程、记录。

采购审计主要审查采购流程是否规范，政策执行是否彻底，采购价格是否合理，供应风险是否可控。为此，采购人员可以模拟审计进行测试，从订单的创建到向供应商付款，整个采购与付款流程走一遍，看各个环节是否有理有据，相应的采购文件和记录是否完备。